Simone Harland

Hyperaktiv oder hochbegabt?

Ehrenwirth

Inhalt

Vorwort

Dies ist kein Buch, das sich mit den angeblich so starken spirituellen Fähigkeiten der so genannten Indigo-Kinder beschäftigt, sondern vor allem mit den Schwierigkeiten, die diese Kinder haben. Wer stärker an einer esoterisch ausgerichteten Beschreibung der Indigo-Kinder interessiert ist, findet dazu im Buchhandel zahlreiche Ratgeber. Auch das Internet ist eine wahre Fundgrube für alle, die an die große Spiritualität und die immensen Fähigkeiten der Indigo-Kinder glauben.

Mir geht es in diesem Buch vor allem darum zu beschreiben, warum bestimmte Punkte des Indigo-Konzepts auch auf andere Kinder und vor allem auf Kinder mit ADHS, ob es sich nun um Indigos handelt oder nicht, angewandt werden sollten. Daneben ist es mir wichtig aufzuzeigen, was von alternativen Therapien zu halten ist – diese werden in anderen Büchern zum Thema nämlich entweder verklärt oder aber überhaupt nicht oder nicht in diesem Umfang erwähnt. Auch Ritalin wird in der Regel entweder verdammt oder in den Himmel gelobt – dieses Buch möchte sowohl das Für als auch das Wider darstellen, damit Eltern sich selbst eine Meinung bilden können. Denn schließlich ist es sinnvoll, wenn Eltern selbst zu Experten für ADHS werden, falls Ihr Kind davon betroffen ist – denn Sie können Ihrem Kind auf diese Weise am besten helfen.

Indigo-Kinder: ein neuer Begriff für Altbekanntes?

Indigo-Kinder – dieses Wort hört man in der letzten Zeit immer häufiger, meist mit dem Zusatz »die Kinder einer neuen Zeit« oder »die Kinder von morgen«. Es soll sich dabei um ganz besondere Kinder handeln, die seit Anfang der 1980er-Jahre vermehrt auf die Welt gekommen sind und auch heute zunehmend geboren werden.

Diesen Kindern werden in Esoterik-Kreisen bestimmte Fähigkeiten zugeschrieben: Sie sollen eine große spirituelle Begabung besitzen, sich hauptsächlich auf ihre Intuition verlassen und der Welt vielleicht sogar den Frieden bringen. Zudem sollen die meisten von ihnen hochintelligent sein. Andererseits soll sich ihr Verhalten so sehr von dem anderer Kinder unterscheiden, dass sie bei anderen häufig anecken, sich nicht leicht in eine Gemeinschaft einfügen und nur schwer zu erziehen sind. Kennzeichnend für viele Indigo-Kinder soll beispielsweise das Vorliegen des Aufmerksamkeits-Defizit-Syndroms (ADS) beziehungsweise der Aufmerksamkeits-Defizit-Hyperaktivitäts-Störung (ADHS) sein. Die Indigo-Kinder bedürfen daher (wie übrigens alle Kinder) besonderer Zuwendung der Eltern.

Richtig ist sicherlich, dass heute bei einer zunehmenden Anzahl von Kindern Verhaltensauffälligkeiten diagnostiziert werden. Zwar mögen diese Verhaltensauffälligkeiten schon bei den Kindern früherer Generationen häufiger aufgetreten sein – wenn ja, wurden sie jedoch nicht als solche erkannt oder benannt. Auch ist die Erziehung von Kindern gegenüber früher bestimmt nicht leichter geworden. Schließlich sind Kinder zum Beispiel durch Medien und Computernutzung viel mehr Reizen als noch Mitte des 20. Jahrhunderts ausgesetzt und können sich unter den heutigen Lebensbedingungen (dichter Straßenverkehr, wenig Spielflächen in der Stadt) oft nicht mehr hinreichend austoben, so dass sie überschüssige Energien auf andere Weise (z. B. durch Aggressivität) loswerden müssen.

Viele Eltern sind zudem verunsichert, wie sie die Fähigkeiten ihrer Kinder am besten fördern: durch den Besuch einer Musik- oder Kindermalschule vielleicht, einen weiteren Sportkurs oder aber doch

Viele Indigo-Kinder sollen unter ADS und ADHS leiden.

Indigo-Kinder gelten als »besondere« Kinder.

durch den neuen Tanzkurs? Durch ihren vollen Terminplan finden manche Kinder kaum noch Zeit für ihr ganz »normales« Spiel; einige stehen schon regelrecht unter Stress. In solchen Situationen, vor allem bei Verdacht auf ADS oder ADHS, ist es verständlich, wenn Eltern vermehrt Rat und Hilfe suchen. Nicht wenige stoßen bei ihren Recherchen dann auf die Indigo-Kinder.

Solch ein neuer Begriff wie »Indigo-Kinder« mag manchen Eltern gerade recht kommen, um ihr Kind und seine Verhaltensweisen besser einordnen und erklären zu können – vor allem, da die Indigo-Kinder ja trotz ihrer Verhaltensauffälligkeiten etwas ganz Besonderes sein und ihre Fähigkeiten nur von vielen verkannt werden sollen. Und welche Eltern wünschen sich nicht, dass ihr Kind besonders ist?

Vielleicht ist dies aber auch genau der richtige Ansatz, mit Kindern umzugehen, die anders als andere zu sein scheinen. Anstatt Verhaltensauffälligkeiten nur als negativ einzuordnen und zu beseitigen, versucht man, sie als etwas Besonderes zu sehen. Vielen Eltern gelingt es auf diese Weise sicherlich leichter, mit ihren »schwierigen« Kindern umzugehen. Allein der Begriff Indigo-Kinder wirkt positiver als Bezeichnungen wie »Kinder mit Aufmerksamkeits-Defizit-Syndrom« oder »schwierige Kinder«. Die Konzepte über den Umgang mit Indigo-Kindern sind deshalb für alle Eltern interessant, deren Kind sich in irgendeiner Form als »anders« erweist.

Eigenschaften und Merkmale von Indigo-Kindern

Indigo-Kindern werden eine Reihe von Eigenschaften zugeschrieben, mit denen umzugehen insbesondere für Eltern nicht immer einfach ist. So akzeptieren Indigos die Autorität ihrer Eltern und anderer Erwachsener nur dann, wenn diese ihnen erklären, warum sie etwas von ihnen wollen oder es ihnen verbieten. Ein einfaches Nein als Verbot reicht demnach schon bei Kleinkindern nicht aus. Auch Drohungen können sie nicht einschüchtern, wenn sie sich etwas in den Kopf gesetzt haben.

Daneben sollen sie Merkmale aufweisen, die in dieser Form bei Kindern bislang nicht oder nur selten vorgekommen sein sollen, z. B. wird ihnen in Esoterik-Kreisen die Fähigkeit zugesprochen, mit Tieren und Pflanzen kommunizieren zu können. Auch sind sie besonders sensibel und einfühlsam. In diesem Kapitel finden sich noch eine Reihe weiterer Eigenschaften, die die als Indigos bezeichneten Kinder auszeichnen. Zunächst jedoch soll erklärt werden, woher ihr Name stammt.

Die Herkunft des Begriffs Indigo-Kinder

Anfang der 1980er-Jahre schrieb die US-Amerikanerin Nancy Ann Tappe ein Buch mit dem Titel *Understanding your life through color*, was ungefähr so viel bedeutet wie »Verstehen Sie Ihr Leben mit Hilfe von Farben«. In diesem Buch ordnet Nancy Ann Tappe verschiedenen Persönlichkeitsstrukturen Lebensfarben zu und beschreibt die zu diesen Farben gehörenden Verhaltensmerkmale sehr genau. Sie ist der Ansicht, dass jeder Mensch eine bestimmte Lebensfarbe in Form einer Aura besitzt, und behauptet, diese sehen zu können. In ihrem Buch beschreibt sie auch die Merkmale von Personen mit – ihrer Ansicht nach noch sehr jungen – Lebensfarbe indigoblau.

Ein kurzer Ausflug in die Esoterik

Menschen wie Nancy Ann Tappe, die sich mit Esoterik beschäftigen, sind der Ansicht, dass Indigo-Kinder vermehrt seit Anfang der 1980er-Jahre zur Welt kommen. Seit den 1990er-Jahren sollen in bestimmten Regionen der Welt, vor allem in den Industrienationen, ein Großteil der Neugeborenen zu den Indigo-Kindern zählen. Sie sollen die Aufgabe haben, die Welt zum Positiven zu verändern und das Spirituelle in den Menschen wachzurufen.

Doch auch schon vor 1980 seien vereinzelt Indigos geboren worden – einige der heute Erwachsenen seien also durchaus auch zu ihnen zu zählen. Die deutsche Autorin Carolina Hehenkamp hingegen vertritt in ihrem Buch *Das Indigo-Phänomen* die These, dass vor 1980 geborene Personen, die ähnliche Eigenschaften wie Indigo-Kinder aufweisen, so genannte Lichtarbeiter sind, die die Ankunft der Indigos, aber auch die Welt auf sie vorbereiten sollten. Auch meint sie belegen zu können, dass die Indigo-Kinder ein verändertes Erbgut besitzen, das sie zu etwas ganz Besonderem macht – so sollen die Kinder einen veränderten Leberstoffwechsel besitzen, der sie zum Beispiel befähigt, größere Mengen Fastfood zu sich zu nehmen, ohne körperlichen Schaden davonzutragen. Sie sollen eine evolutionäre Weiterentwicklung des Menschen sein und sich an die veränderten Lebensgewohnheiten bestmöglich angepasst haben.

Zu diesen Äußerungen kann man stehen, wie man will. Bislang sind sie jedoch nicht sicher wissenschaftlich belegt.

Kleine Tyrannen oder Persönlichkeiten mit eigenen Vorstellungen?

Rechte Seite: Kinder haben schon früh eigene Vorstellungen.

Jeder, der Kinder hat, weiß, dass alle Knirpse ab einem bestimmten Alter nicht mehr nur das machen, was die Eltern wollen. Kinder testen aus, wie weit sie gehen können, bis ihre »Erzeuger« ihnen eindeutige Grenzen zeigen, und treiben sie damit manchmal fast

Nach der Einordnung von Nancy Ann Tappe wurden Kinder, die bestimmte Verhaltensmerkmale aufweisen, Indigo-Kinder genannt. Heute wird die Bezeichnung Indigo-Kinder von Menschen, die sich nicht mit Esoterik beschäftigen, zum Teil jedoch auch für Kinder verwendet, die anders sind als andere und Verhaltensauffälligkeiten wie zum Beispiel ADS oder ADHS aufweisen – ganz einfach, weil diese Bezeichnung freundlicher klingt und nicht sofort negative Assoziationen weckt.

Der Begriff *Indigo-Kinder*

bis zur Weißglut. Daneben haben sie schon in sehr jungen Jahren eigene Vorstellungen von dem, was sie wollen und ablehnen, sowie oft auch einen ausgeprägten Geschmack, der – vorsichtig ausgedrückt – nicht unbedingt immer dem der Eltern entspricht. Diskussionen, Auseinandersetzungen, ja, sogar heftige Streits zwischen Eltern und ihren Sprösslingen sind daher vorprogrammiert. Das ist auch gut so, denn Kinder müssen sich an ihren Eltern »reiben« können – sie müssen lernen, Konflikte auszutragen und ihre Meinung zu vertreten. Und wo könnten sie das besser als im Elternhaus?

Während »normale« Kinder (was ist schon normal?) jedoch leichter zu führen sind und die Autorität ihrer Eltern zumindest in vielen Fällen ohne Wenn und Aber anerkennen, haben Eltern mit Indigos weitaus mehr Probleme. Hier einige der wesentlichen Eigenschaften, die Indigo-Kindern zugeschrieben werden und die die Erziehung erschweren können:

- Indigo-Kinder haben schon von klein auf ein ausgesprochen großes Selbstwertgefühl und lassen dies ihre Eltern deutlich spüren. Sie wissen auch meist ganz genau, was sie wollen.
- Wenn Indigos sagen: »Ich will das aber!«, sind sie nur schwer umzustimmen. Einfache Verbote zeigen bei ihnen keine Wirkung, es bedarf schon einer guten, einleuchtenden Erklärung, um ihre Ansicht zu ändern, sie von ihrem Tun abzuhalten oder sie zu etwas zu bewegen, das sie mit Skepsis betrachten.
- Viele Indigos können nur schwer still sitzen, sie sind dauernd in Bewegung, können sich anscheinend nur schwer auf eine Sache konzentrieren und lassen sich leicht ablenken – im medizinischen Sprachgebrauch wird ein solches Verhalten (das hier nur verkürzt dargestellt ist und an anderer Stelle ausführlicher behandelt wird) als Aufmerksamkeits-Defizit-Hyperaktivitäts-Störung bezeichnet.
- Indigos sträuben sich vehement gegen bestimmte Dinge, die andere Kinder scheinbar problemlos akzeptieren – zum Beispiel warten sie ungern.
- Ihre Ungeduld und häufig auch ihre Impulsivität macht es anderen schwer, Indigo-Kinder zu verstehen und zu akzeptieren. Ist niemand da, der sie so annimmt, wie sie sind, oder ähnliche Eigenschaften besitzt, ziehen sie sich häufig zurück. Nicht selten sind sie daher Einzelgänger.

- Indigo-Kinder sind sehr sensibel. So spüren sie es in aller Regel, wenn jemand sie ablehnt. Sie merken häufig auch sehr rasch, dass sie anders sind als andere Kinder. Haben sie den Eindruck, dass andere Kinder sie ablehnen, können sie durchaus auch aggressiv darauf reagieren. Daher gelten sie bereits im Kindergarten oder in der Schule rasch als unsozial.
- Andererseits wirken Indigos häufig auch wenig emotional – so, als ob sie sich nirgendwo hineinziehen lassen wollen.
- Kennzeichnend für viele Indigos ist auch, dass sie sich schnell und oft langweilen.
- In der Pubertät neigen Indigos stärker als andere Jugendliche dazu, Drogen zu nehmen. Eltern sollten daher stets ein Auge auf das Verhalten ihres Kindes haben. Zieht es sich zurück, lässt die Eltern nicht mehr ins Zimmer und weicht Gesprächen aus, sollten Mutter und Vater stutzig werden.

Hier nun noch eine kleine Liste mit Verhaltensweisen oder Merkmalen, die im Allgemeinen als positiv gelten:

- Indigo-Kinder sind ausgesprochen neugierig und wissbegierig. Sie versuchen vieles eigenständig zu erforschen.
- Oft entwickeln Indigos ganz eigene Ideen, wie man Probleme

Eltern sollten im vermeintlich Schlechten immmer auch das Gute sehen.

Eltern, deren Kind einige oder alle dieser Eigenschaften aufweist, zweifeln oft an sich selbst und ihrer Erziehung. Kein Wunder, sehen sie doch, dass andere Kinder weniger Schwierigkeiten machen und leichter zu führen sind. Manche Eltern probieren die verschiedensten Erziehungsmethoden aus, um ihr Kind besser »in den Griff« zu bekommen. Oft übersehen sie dabei völlig, dass ihre Kinder auch ausgesprochen positive Eigenschaften haben, die andere Kinder in diesem Maß nicht aufweisen. Einzuräumen ist aber auch, dass die zuvor genannten Merkmale keineswegs nur als negativ betrachtet werden sollten. Ein großes Selbstwertgefühl zum Beispiel ist in der heutigen Zeit sicherlich positiv. Und auch das Hinterfragen von Anweisungen ist ganz bestimmt nichts Schlechtes, denn wer möchte schon, dass sein Kind immer nur das macht, was andere ihm sagen?

Tipp

lösen könnte. Diese mögen auf andere zunächst ungewöhnlich wirken, führen aber häufig zum Ziel. In der Schule kann dies ihnen allerdings Schwierigkeiten bereiten – nämlich dann, wenn sie nicht den vorgegebenen Lösungsweg beschreiten wollen.

- Die meisten Indigo-Kinder sind sehr kreativ.
- Großes Mitgefühl für andere zählt ebenfalls zu ihren positiven Eigenschaften.
- Viele Indigos weisen einen überdurchschnittlich hohen Intelligenzquotienten auf.
- In der Regel sind Indigos nicht schüchtern, sie gehen offen auf andere Menschen zu.
- Die meisten Indigos bauen eine enge Beziehung zu Tieren und zur Natur auf.

»Nehmen Sie Ihr Kind, wie es ist.«

Leider nehmen manche Eltern und andere Menschen, die häufiger mit einem Indigo-Kind zu tun haben (zum Beispiel Lehrer), diese positiven Eigenschaften gar nicht wahr. Sie sehen nur das vermeintlich aufsässige »Problemkind« und nicht die kleine Persönlichkeit, die bereits ganz eigene Vorstellungen von seinem Leben hat und diese durchsetzen will.

Eine solch ablehnende Haltung wirkt sich in der Regel wiederum auf das Kind aus: Es lässt sich noch schwerer führen oder aber es zieht sich in sich zurück, wird mutlos und deprimiert. Wird bei dem Indigo-Kind ADS oder ADHS diagnostiziert, verschreibt ihm der Arzt möglicherweise auch das Medikament Ritalin, damit sich sein Verhalten ändert und es sich besser an seine Umgebung anpassen kann. Es gibt aber auch andere Möglichkeiten, mit einem Indigo-Kind umzugehen (am wichtigsten ist es, das Kind so anzunehmen, wie es ist), doch dazu später mehr.

Ablehnung spüren Indigo-Kinder sofort.

Die vier Indigo-Typen

Nancy Ann Tappe, die den Begriff »Indigo-Kind« geprägt hat, unterteilt die Indigo-Kinder nochmals in vier verschiedene Typen mit jeweils ganz unterschiedlichen Eigenschaften. Diese Einteilung beruht allein auf der Beobachtung von Nancy Ann Tappe und ist nicht wissenschaftlich erwiesen.

N. A. Tappe teilt die Indigos in vier Typen ein.

Der erste Typ ist der so genannte Humanist. Er ist in der Regel hyperaktiv und liebt die Gesellschaft anderer Menschen. Zudem ist er sehr gesprächig, offen und sensibel, hat zu den meisten Dingen eine eigene Meinung und vertritt sie auch vehement. Nancy Ann Tappe ist der Überzeugung, dass der humanistische Indigo-Typ als Erwachsener einen Beruf auswählt, bei dem er mit Menschen zu tun hat (zum Beispiel Arzt, Lehrer).

Weiterhin gibt es nach Tappe den ideenorientierten Typ, der nicht sosehr auf Menschen, sondern eher auf Projekte fixiert ist. Er entwickelt Ideen und versucht diese – auch gegen Widerstände – umzusetzen. Er spielt oder arbeitet gern am Computer, kann häufig schon als Kleinkind recht gut damit umgehen, ist aber oft auch sehr sportlich.

Als dritten Typ sieht Tappe den Künstler. Indigo-Kinder, die zu diesem Typ gehören, sind besonders empfindsam, aber auch ausgesprochen kreativ, malen gern und interessieren sich fürs Musizieren. In den Grundschuljahren sind Indigo-Kinder, was ihre Interessen anbelangt, allerdings etwas sprunghaft – an einem Tag wollen sie dies, am anderen das ausprobieren. Nach der Grundschulzeit legt sich diese Sprunghaftigkeit jedoch meistens.

Der vierte, interdimensionale Indigo-Typ vereint viele der Eigenschaften der anderen drei Typen in sich. Er hat zahlreiche neue Ideen, ist durchaus künstlerisch begabt und kann andere führen. Er hat Probleme mit Autoritäten, macht am liebsten das, was er für richtig hält und ist schwer zu führen.

»ADS-Kinder sind oft Träumer.«

ADS, ADHS und andere »Defizite«

Indigo-Kinder unterscheiden sich in ihrem Verhalten von anderen Kindern; häufig wird bei ihnen ADS oder ADHS diagnostiziert. Einige Eigenschaften, die Indigos zugeschrieben werden, deuten sogar darauf hin, dass bei den meisten diese Verhaltensauffälligkeiten auftreten, weshalb heute die Begriffe ADS, ADHS und Indigo-Kinder manchmal schon synonym verwendet werden. Grund genug, im Folgenden näher auf ADS/ADHS einzugehen.

Was versteht man unter ADS/ADHS?

Die Bezeichnung Aufmerksamkeits-Defizit-Störung sagt es schon aus: Menschen, die unter ADS leiden, können sich nicht lange auf eine Sache konzentrieren – ihre Aufmerksamkeitsspanne ist sehr kurz. Zudem werden sie sehr leicht durch Neues abgelenkt. Bestes Beispiel für jemanden mit ADS ist der Hans-Guck-in-die-Luft aus dem berühmten, alten Kinderbuch *Der Struwwelpeter*. Er geht scheinbar »träumend« durch die Straßen und wird von den fliegenden Schwalben so abgelenkt, dass er nicht darauf achtet, wohin er tritt. Deshalb fällt er schließlich in einen Fluss und kann von Glück reden, dass ihn ein paar umsichtige Männer wieder herausfischen. Oft fällt erst nach langer Zeit auf, dass bei einem Kind ADS vorliegt. In vielen Fällen wird von ihm zunächst nur als in sich versunkener Tagträumer gesprochen.

> Bei ADS ist die Aufmerksamkeitsspanne sehr kurz.

Bei ADHS – übrigens heute in der Regel die zusammenfassende Bezeichnung für ADS und ADHS, weshalb auch nur sie im Folgenden noch verwendet wird – sieht die Sache schon etwas anders aus: Es handelt sich um eine Aufmerksamkeits-Defizit-Störung, gepaart mit Hyperaktivität. Aufmerksamkeitsgestörte, hyperaktive Kinder sind wesentlich auffälliger als Kinder, die »nur« eine verkürzte Aufmerksamkeitsspanne haben. Sie können kaum mal längere Zeit still sitzen, sausen überall herum, sind oft laut und impulsiv. Hier ist auch leicht ein Zusammenhang zwischen ADHS und Indigo-Kindern zu erkennen. Hyperaktive ADHS-Kinder ecken leicht an – auch wenn die Störung noch nicht diagnostiziert ist, gelten sie im Allgemeinen sowohl bei Eltern als auch bei Kindergärtnerinnen, Lehrern, sowie den Eltern von anderen Kindern bereits als »Problemkinder«. Auch wenn vom hyperkinetischen Syndrom oder vom »Zappelphilipp-Syndrom« gesprochen wird, ist in der Regel ADHS gemeint.

Was Kinder mit ADHS auszeichnet

Kinder, bei denen ADHS vorliegt, sind manchmal bereits während der Schwangerschaft besonders aktiv – sie bewegen sich mehr und stärker als andere Ungeborene. Im Säuglingsalter sind sie oft nur schwer zufrieden zu stellen. Etwa 60 % der Kinder mit ADHS sind schon als Babys besonders unruhig, schreien viel, lassen sich nur schwer beruhigen und schlafen sowohl tagsüber als auch nachts im Vergleich zu anderen Säuglingen wenig. Auf zu viele äußere Reize reagieren sie oft mit Schreien. Viele der Babys lassen sich nur ungern in den Arm nehmen, wenden sich ab, wenn Mutter oder Vater mit ihnen schmusen wollen, andere hingegen wollen ständig herumgetragen werden und schreien, sobald man sie ablegt.

»Wilde«, temperamentvolle Kleinkinder

Als Kleinkinder sind die »Hypies«, wie sie manchmal liebevoll genannt werden, besonders temperamentvoll und lebhaft – sie gelten oft als »wilde« Kinder. Sie haben nur ein gering ausgeprägtes Gefühl für Gefahren, weshalb ihnen auch häufiger als anderen Kindern – zum Glück meist glimpflich ausgehende – Unfälle zustoßen. In der Krabbelgruppe und im Kindergarten ecken sie oft an:

Als Beispiel für hyperaktive Kinder mit ADHS wird unter anderem häufig Astrid Lindgrens *Michel aus Lönneberga* angeführt, der – trotz aller guten Absichten – seine Eltern durch seine Aktivitäten immer wieder zur Verzweiflung treibt. In Lindgrens Buch werden diese Aktivitäten jedoch nicht als Verhaltensauffälligkeit, sondern liebevoll als Streiche bezeichnet, was vielleicht zeigt, wie sehr sich der Umgang mit Verhaltensauffälligkeiten in den letzten Jahrzehnten gewandelt hat (die Originalausgabe von *Michel aus Lönneberga* erschien 1963, die Geschichten spielen etwa zu Anfang des 20. Jahrhunderts).

Wissenswert

durch ihr ständiges Hin- und Hergerenne, ihre Lautstärke und ihre Impulsivität.

Nur selten können sie sich mit einem Spielzeug längere Zeit beschäftigen. Sehen sie zum Beispiel, dass ein weiteres Kind ein anderes Spielzeug in der Hand hat, wollen sie das auch sofort haben und werden richtig ärgerlich, wenn sie es nicht gleich bekommen können. Manche Kinder mit ADHS fangen in so einer Situation lauthals an zu weinen, andere reagieren mit Wutausbrüchen und gehen zum Teil aggressiv auf das andere Kind mit dem Spielzeug los. An Gruppenspielen beteiligen sich viele Kinder mit ADHS nicht, sondern ziehen sich lieber in eine Ecke zurück.

Nicht selten stören sie die anderen Kinder beim Spielen, werfen zum Beispiel Türme aus Bauklötzen um oder zerreißen die Bilder von anderen. Sie gelten daher rasch als unsozial, obwohl sie nur mit einem oder zwei Kindern durchaus in der Lage sind, »richtig« zu spielen. Daneben leiden viele »Hypies« schon im Kindergartenalter unter Ein- und Durchschlafschwierigkeiten. Kennzeichnend ist auch, dass sie mehr reden als der Großteil ihrer Altersgenossen und anderen häufig ins Wort fallen.

»Hypies« ecken oft an.

Problemfall Schule

Kinder mit ADHS
gelten rasch als
»Störenfriede«.

Im Kindergarten bereiten diese Verhaltensweisen den Eltern vielleicht noch keine großen Probleme, denn schließlich durchleben alle
Kinder eine – mehr oder weniger schwierige – Trotzphase und man
erwartet, dass sich das störende Verhalten »auswächst«. Wenn die
»Hypies« in die Schule kommen, wird das Ganze schon schwieriger,
denn auch die Anforderungen an die Kinder wachsen. Nun sollen sie
plötzlich den ganzen Vormittag lang still sitzen, den Ausführungen
des Lehrers lauschen und sich konzentrieren. Hinzu kommt, dass es
sich in die Klassengemeinschaft einfügen, soziales Verhalten zeigen
soll. Jetzt wirken die Verhaltensauffälligkeiten störender als zuvor.

Die Kinder zeichnen sich in der Regel dadurch aus, dass sie nur
schwer auf ihrem Stuhl sitzen bleiben können – oft springen sie mit-
ten im Unterricht einfach auf oder rufen etwas in die Klasse hinein,
was gar nicht zum Unterricht gehört. Auch platzen sie häufig mit
Antworten heraus, bevor der Lehrer überhaupt ein Kind aufrufen
konnte. Da ihre Aufmerksamkeitsspanne kurz ist, bekommen sie
manches, was im Unterricht gesagt wird, nicht mit – sie lassen sich

»Hausaufgaben
müssen keine
Qual sein.«

rasch durch andere Dinge ablenken, zum Beispiel durch alles, was sich vorm Klassenzimmerfenster abspielt.

Das hat natürlich auch Auswirkungen auf ihre schulischen Leistungen. Hausaufgaben werden für Kinder mit ADHS (und Eltern gleichermaßen) ebenfalls leicht zur Qual: Manchmal sitzen sie stundenlang vor einer Aufgabe, weil sie sich zwischendurch immer wieder haben ablenken lassen. Auch geht mit ADHS manchmal eine Rechtschreib- oder Rechenschwäche (Legasthenie oder Dyskalkulie) einher.

Viele »Hypies« werden nun auch mehr und mehr zum Einzelgänger, da sie sich nur schlecht in eine größere Gruppe einfügen können. Es fällt ihnen zum Beispiel oft schwer, Regeln beim Spiel zu befolgen, so dass sie rasch als Spielverderber gelten. Wutausbrüche sind ebenfalls (vor allem bei Jungen) noch häufig an der Tagesordnung – oft hat man den Eindruck, das Schulkind wäre in seiner Entwicklung im Vorschulalter stecken geblieben. Mit den Wutausbrüchen geht weiterhin manchmal aggressives Verhalten einher, das auch in Handgreiflichkeiten münden kann.

Da die Kinder oft nur wenig Akzeptanz erfahren, sind viele von ihnen unglücklich. Sie wollen gerne anders sein, können es aber nicht. Sie wollen sich konzentrieren, schaffen es aber nicht auf längere Zeit.

Mangelnde Aufmerksamkeit schlägt sich in den schulischen Leistungen nieder.

Schwierige Teenager

In der Pubertät legt sich bei hyperaktiven Kindern mit ADHS die Hyperaktivität in der Regel. Häufig zeigen die Kinder jetzt gegensätzliche Verhaltensweisen wie Antriebslosigkeit und die Unfähig-

Eltern sollten sich nicht wundern, wenn ihr Kind auch nach heftigen Auseinandersetzungen mit anderen Kindern bzw. nach aggressivem Verhalten kein Scham- oder Schuldgefühl zeigt. Kindern mit ADHS wird nachgesagt, dass sie solche Situationen anders wahrnehmen, sich nicht so stark emotional darin verwickeln (genau übrigens wie die als Indigos bezeichneten Kinder). Da sie das Ganze nicht als negativ empfinden, geraten sie oft erneut in ähnliche Situationen.

Tipp

Die Ähnlichkeiten zwischen ADHS- und Indigo-Kindern sind unübersehbar.

keit, Tätigkeiten zu Ende zu bringen. Da sie in ihrem Leben bereits oft viel Ablehnung erfahren haben, die auch in der Pubertät anhalten kann, entwickeln manche ADHS-Kinder nun Depressionen, einige davon so schwere, dass sie selbstmordgefährdet sind.

Die Gefahr, dass sie Drogen nehmen, ist bei ADHS-Kinder gegenüber anderen Jugendlichen ebenfalls erhöht. Sie versuchen damit, der nur schwer zu ertragenden Realität zu entfliehen. Auch hier zeigen sich wieder Parallelen zu den Indigo-Kindern.

Erwachsene mit ADHS

Lange Zeit gingen Wissenschaftler davon aus, dass sich ADHS bis zum Erwachsenenalter »ausgewachsen« hat, doch ist man heute anderer Meinung. ADHS zeigt sich nicht mehr so ausgeprägt wie im Kindesalter, aber auch die davon betroffenen Erwachsenen haben im Vergleich zu anderen eine kürzere Aufmerksamkeitsspanne, können sich schlechter konzentrieren und lassen sich leichter ablenken. Oft sind auch sie noch sehr impulsiv und tun »aus dem Bauch heraus« Dinge, die sie kurz darauf schon wieder bereuen. Nervosität ist

Kinder mit ADHS haben oft besondere Fähigkeiten.

ein anderes Merkmal von Erwachsenen mit ADHS, genauso wie die Neigung zu Inaktivität. Viele sind suchtgefährdet und leiden unter – zum Teil starken – Stimmungsschwankungen.

Die oft verkannten sympathischen Seiten

Bei all den Schwierigkeiten, die Kinder mit ADHS machen können, haben sie doch meist auch sehr positive Eigenschaften. Nur werden diese leider zu häufig übersehen – nicht zuletzt, weil es so anstrengend sein kann, mit den Kindern umzugehen.

Die meisten Kinder mit ADHS gehen sehr offen auf andere Menschen zu. Diese Offenheit wird leider manchmal als fehlende Distanzlosigkeit missinterpretiert. Daneben verfügen sie in der Regel über einen ausgeprägten Gerechtigkeitssinn – viele mischen sich zum Beispiel ein, wenn Schwächere von Stärkeren geärgert werden. Hinzu kommt, dass die meisten von ihnen eine besondere Beziehung zu Tieren und/oder zur Natur aufbauen. Sie sind nur selten nachtragend und in der Regel besonders zäh. Schon als Kleinkind weinen sie nicht wegen jeder kleinen Verletzung, sondern nur, wenn sie stärkere Schmerzen empfinden.

Zudem sind viele von den Kindern mit ADHS besonders intelligent, auch wenn sich das nicht in ihren schulischen Leistungen widerspiegelt. Manche von ihnen entwickeln auch besondere Fähigkeiten, zum Beispiel auf dem Gebiet der Musik oder der Kunst.

Probleme der Eltern

Eltern, deren Kinder die eben genannten Verhaltensauffälligkeiten aufweisen, haben es – genau wie ihre Sprösslinge – in unserer Gesellschaft nicht leicht. Ihr Erziehungsstil wird von der Umwelt kritisch unter die Lupe genommen. Die meisten Mitmenschen sind nämlich der Ansicht, dass die Eltern daran schuld sein müssen, wenn das Verhalten ihrer Kinder nicht der »Norm« entspricht. Zu den harmlosesten Vorwürfen in Richtung der Eltern gehört noch, dass sie zu wenig Grenzen setzen oder nicht streng genug mit ihren Kindern umgehen. Andere werden direkter: Sie behaupten, die Eltern eines Kindes mit ADHS seien einfach nicht in der Lage, ihr Kind zu erziehen. Eine weit verbreitete Meinung ist auch, dass das Kind »nur« eine »ordentliche Tracht Prügel« braucht, damit es sich endlich besser benimmt (und das, obwohl Kinder ein gesetzlich verbrieftes Recht auf eine gewaltfreie Erziehung haben!).

Selbstzweifel der Eltern. Verständlich, dass viele Eltern, deren Kind ein auffälliges Verhalten zeigt, irgendwann beginnen, an sich selbst zu zweifeln. Die meisten von ihnen haben bereits die verschiedensten Erziehungsstile, Disziplinierungsmaßnahmen und vieles andere mehr ausprobiert, damit sich das Verhalten ihres Kindes ändert. Geschieht das nicht, wissen viele Eltern nicht mehr ein und aus. Schließlich ist das auffällige Verhalten des Kindes in der Regel nicht nur auf den Kontakt mit der Außenwelt beschränkt, sondern setzt sich auch im Elternhaus fort.

Viele Kinder mit ADHS sind zum Beispiel nicht in der Lage, für einige Zeit allein zu spielen, sie langweilen sich zudem rasch und sind leicht frustriert. In diesen Fällen sind immer wieder die Eltern gefordert. Hinzu kommt, dass sie häufig irgendwelche Konfliktsituationen, in die ihr Kind sich hineinmanövriert hat, entschärfen und mit dem oft impulsiven Verhalten ihres Kindes fertig werden müssen. Das alles stellt schon ohne die Vorwürfe der Umwelt eine große Belastung dar.

Viele Eltern versuchen deshalb, Situationen zu vermeiden, von denen sie wissen, dass sie für das Kind schwierig zu meistern sind. So verzichten sie zum Beispiel auf Besuche bei Freunden und Verwandten, weil sie wissen, dass sie sowieso nur wieder Vorwürfe zu hören bekommen. Oder sie gehen mit ihrem Kind nicht mehr oder nur noch zu ungewöhnlichen Zeiten auf den Spielplatz, damit es nicht zu Konfliktsituationen mit anderen Kindern und deren Eltern kommt. Zu den bestehenden Problemen kommt also häufig noch der soziale Rückzug hinzu, so dass die Eltern, darunter vor allem nicht

So gern Eltern ihr Kind trotz aller Verhaltensauffälligkeiten haben, die auftretenden Schwierigkeiten stören das Verhältnis Eltern – Kind im Allgemeinen doch. Allein die – in vielen Familien üblichen – ständigen Ermahnungen können die Beziehung belasten. Hinzu kommt, dass Eltern ihr Kind aufgrund all der Probleme und der Vorwürfe der Außenwelt oft nicht so annehmen können, wie es ist. Nicht zuletzt tut es den meisten Eltern weh zu sehen, dass ihr Kind von anderen ständig kritisiert wird und Ablehnung erfährt.

Verhältnis Eltern – Kind

berufstätige Mütter, kaum noch Möglichkeiten haben, sich mit anderen auszutauschen oder zu beraten. Das kann zu einer zusätzlichen seelischen Belastung für die Eltern werden.

Auch die Beziehung zwischen den beiden Elternteilen kann infolge der Verhaltensauffälligkeiten nachhaltig gestört sein. Oft kommt es beispielsweise vor, dass der Vater, der den ganzen Tag arbeitet, der Mutter, die für die Erziehung zuständig ist, die Schuld für das »Fehlverhalten« des Kindes gibt. Streitereien über die »richtige« Erziehung sind nicht selten an der Tagesordnung.

In den Ehen von Eltern mit verhaltensauffälligen Kindern kommt es oft zu Krisen.

Genau dasselbe wird übrigens auch von Eltern gesagt, deren Kinder Indigos sein sollen. Solange sie nicht wissen, dass ihre Kinder Indigos sind, sind sie häufig mutlos und zweifeln an ihren Erziehungsfähigkeiten.

In all diesen Fällen ist klar: Die Eltern brauchen eine kompetente Beratung. Erste Anlaufstelle kann der Kinderarzt oder ein anderer Arzt des Vertrauens sein, genauso ein Kinderpsychologe oder eine Familien- bzw. Erziehungsberatungsstelle. Ob Eltern zunächst mit oder ohne Kind dorthin gehen, sollten sie mit dem jeweiligen Ansprechpartner klären. Besteht bereits ein Verdacht auf ADHS kann auch das Aufsuchen einer Selbsthilfegruppe sehr sinnvoll sein. In

»Auch Eltern brauchen manchmal Hilfe.«

jedem Fall ist es erst einmal wichtig für die meisten Eltern, sich mit anderen über die Probleme, die sie mit ihren Kindern haben, auszutauschen.

Kommt ADHS heute häufiger vor als früher?

Das Thema ADHS ist heute in aller Munde.

Diese Frage kann man nicht ohne weiteres beantworten. Sicher bekommt man allein beim Lesen von Zeitschriften und Zeitungen den Eindruck, dass ADHS heute allgegenwärtig zu sein scheint. Kaum ein großes Magazin, das nicht schon als Aufmacher das Thema ADHS gehabt hätte. In Elternzeitschriften scheint ADHS ebenfalls ständig auf der Tagesordnung zu stehen. Hinzu kommt, dass viele Zeitgenossen ein lebhaftes, temperamentvolles Kind – ohne es näher zu kennen – rasch mal einfach mit den Worten abstempeln: »Das ist wohl hyperaktiv.« Und das nur, weil es nicht in ihr Schema vom lieben Kindchen passt, das schön ruhig zu sein hat, wenn sich Erwachsene unterhalten.

Die Geschichte von ADHS

Im Prinzip ist das medizinische Phänomen schon lange bekannt, allerdings nicht unter seinem heutigen Namen. Es wurde von dem deutschen Nervenarzt Heinrich Hoffmann in seinem Mitte des

Klar ist, dass ADHS heute sehr häufig diagnostiziert wird. Es gibt unterschiedliche wissenschaftliche Schätzungen, nach denen zwei bis zehn Prozent aller Kinder die damit verbundenen Verhaltensauffälligkeiten zeigen sollen. In den USA werden etwa fünf Millionen Kinder wegen ADHS medikamentös behandelt. Ob all diese Kinder jedoch wirklich von ADHS betroffen sind, ist umstritten.

Nicht wenige Wissenschaftler gehen davon aus, dass es eine Vielzahl von Fehldiagnosen gibt – rund einem Drittel der Kinder, so wird geschätzt, würde fälschlicherweise das Etikett ADHS angehängt. Oft würden Ärzte die Diagnose schon nach kurzer Untersuchung des Kindes stellen, obwohl dafür ausführliche Tests notwendig sind. Manche der Ärzte, die ADHS feststellen, verfügten nicht einmal über eine adäquate Ausbildung.

Wissenswert

19. Jahrhunderts erschienenen Kinderbuch *Der Struwwelpeter* ausführlich beschrieben: im »Zappelphilipp«, im »Hans Guck-in-die-Luft«, in der Geschichte vom »bösen Friedrich« und in der von Paulinchen, die entgegen dem Rat ihrer Eltern mit einem Feuerzeug spielt und dabei verbrennt.

Die britische Medizinerzeitschrift *The Lancet* veröffentlichte 1902 eine treffende Beschreibung von ADHS. Der englische Kinderarzt George F. Still berichtete hierin über Kinder, die ständig in Bewegung sowie sehr impulsiv sind und sich nur schwer konzentrieren können. Als Ursache machte er eine angeborene Veranlagung aus.

1902 erschien der erste Artikel in der Fachpresse.

1917 entstand schließlich ein medizinischer Bericht über schwer erziehbare Kinder, die ähnliche Verhaltensweisen zeigten, wie sie ADHS zugeschrieben werden. 1937 erschien ein Artikel des Arztes Dr. Charles Bradley, der die Wirkung von stimulierenden Mitteln auf Kinder mit auffälligen Verhaltensweisen getestet hatte. Diese schienen seine Probanden insgesamt ruhiger zu machen.

Ab Mitte der 1960er-Jahre fand das Thema große Beachtung, sowohl unter Ärzten als auch unter Pädagogen und Psychologen. Das abweichende Verhalten erhielt eine Reihe verschiedenster Bezeichnungen, angefangen bei »minimale cerebrale Dysfunktion« bis hin zum heute von etlichen Diagnostikern noch gebrauchten »hyperkinetischen Syndrom«, abgekürzt HKS. Umgangssprachlich war (und ist) häufig von hyperaktiven Kindern die Rede.

1987 versah der amerikanische Psychiatrieverband die Störung mit der Abkürzung ADDS für Attention Deficit Disorder Syndrom, übersetzt Aufmerksamkeits-Defizit-Störung-Syndrom (mit oder ohne Hyperaktivität), das im Deutschen zum mittlerweile bekannten ADHS wurde.

1987 erhielt ADHS seinen heutigen Namen.

Veränderte Lebensgewohnheiten

Zwar begann Mitte der 1960er-Jahre die intensive Forschung auf dem Gebiet ADHS, doch bei den Kinderärzten und anderen niedergelassenen Medizinern war es zu dieser Zeit – wenigstens in Deutschland – noch kein Thema. Auch die meisten Eltern hatten von ADHS (beziehungsweise den damals gebräuchlichen Namen der Störung) noch nichts gehört. Kinder, die einen starken Bewegungsdrang besaßen und impulsiver waren als andere, galten in der Regel als besonders lebhaft und temperamentvoll, jedoch nicht unbedingt als verhaltensauffällig.

Der Grund dafür, dass ihr Verhalten nicht so stark störte wie heute, lag möglicherweise auch darin, dass sie genügend Möglichkeiten hatten, sich im Freien auszutoben – denn schließlich war der Straßenverkehr lange nicht so dicht wie heute, so dass die Kinder vergleichsweise unbesorgt auf der Straße spielen konnten. Daneben gab es vielerorts auch mehr zum Spielen geeignete Grünflächen. Hinzu kommt, dass keine erschwinglichen Computerspiele und nur wenige Fernsehprogramme existierten, mit denen Kinder heute viel Zeit verbringen. Diese fehlt ihnen natürlich, um sich auszutoben.

Der wahre »ADHS-Boom« schwappte schließlich in den 1990er-Jahren aus den USA nach Deutschland herüber. Bei immer mehr Kindern in den USA wurden Verhaltensauffälligkeiten diagnostiziert, so dass sich auch in Deutschland niedergelassene Ärzte (nicht nur die in der Forschung tätigen), Psychologen, Pädagogen, aber auch Eltern vermehrt mit dem Thema konfrontiert sahen und auseinander setzen mussten. Heute werden viele Kinder, bei denen ADHS diagnostiziert wurde, bereits mit dem Medikament Ritalin oder anderen Stimulanzien behandelt, die das auffällige Verhalten während ihrer Wirkungsdauer weitgehend unterbinden.

»Kinder müssen sich austoben können.«

Der kleine Unterschied

Von ADHS scheinen weitaus mehr Jungen betroffen zu sein als Mädchen – Mediziner schätzen, dass auf fünf bis neun Jungen mit ADHS ein Mädchen kommt. Mädchen reagieren, wenn sie von ADHS betroffen sind, zudem öfter als Jungen »hypoaktiv«, das heißt sie wirken verträumt und abwesend. Jungen hingegen können ihren Bewegungsdrang oft nicht beherrschen.

Es gibt aber auch warnende Stimmen, die davon ausgehen, dass bei Jungen deshalb öfter ADHS diagnostiziert wird, weil sie von Natur aus – aufgrund ihres genetischen »Programms« – temperamentvoller und lebhafter als Mädchen sind. In früheren Zeiten, als Eltern davon ausgingen, dass ihre »Stammhalter« im Mannesalter die Ernährer ihrer Familie sein würden, galt das typische Jungenverhalten sogar als erwünscht. Zeigten Jungen zum Beispiel eine gewisse Aggressivität, galt dies als Zeichen für Durchsetzungsvermögen, hatten sie einen starken Bewegungsdrang, waren sie eben besonders aktiv. In der Steinzeit, als unsere Vorfahren noch Jäger und Sammler waren, war ein solches Verhalten für die Sippe häufig sogar überlebensnotwendig.

Der kleine Unterschied ist größer als man denkt.

Heute hingegen ist eher das »typische« Mädchenverhalten gefragt: Kinder sollen sich (zum Beispiel in der Schule) möglichst ruhig verhalten, kooperativ, teamfähig und wenig aggressiv oder impulsiv sein. Auch viele Eltern möchten lieber ein eher »unauffälliges« Kind als eines, das ihre ganze Aufmerksamkeit fordert.

Aber vor allem Jungen entsprechen in vielen Fällen diesem Wunschbild nun mal nicht. Sie wollen ihre Kräfte erproben, sich mit anderen messen und raufen, wozu sie im Zeitalter von Computer und Co. kaum mehr Gelegenheit haben. Noch dazu sind sie oft wagemutiger und lauter als Mädchen und müssen ihren Bewegungsdrang ausleben. Kein Wunder, dass Eltern, Erzieher, Lehrer, Ärzte und Psychologen bei ihnen eher den Verdacht auf ADHS äußern als bei Mädchen. Ob ADHS hier nun tatsächlich immer vorliegt, ist die Frage.

Bewegung tut Jungen gut und hilft oft beim Lernen.

Vielleicht müsste man diesen Jungen – statt sie als verhaltensauffällig zu bezeichnen – nur die Möglichkeit geben, ihre angeborenen Bedürfnissen zu befriedigen. Dazu müsste jedoch zum Beispiel der Schulunterricht ein wenig geändert werden: Die strengen Vorschriften, nach denen man im Unterricht an seinem Platz zu sitzen hat, könnten zum Beispiel dahin gehend gelockert werden, dass Kinder, die dies brauchen, zwischendurch einmal zum Fenster treten oder kurz den Raum verlassen könnten (natürlich ohne andere zu stören).

Die Ursachen der Störung

Als Krankheit sollte man ADHS nicht betrachten.

Bevor näher auf die Ursachen von ADHS eingegangen wird, eines kurz vorweg: ADHS sollte nicht als Krankheit betrachtet werden. Dafür gibt es gute Gründe, die auch von Selbsthilfegruppen immer wieder angeführt werden: Kinder, bei denen ADHS ausgemacht wurde, sind oft völlig unterschiedlich– auch im Umgang mit ihrem »Anderssein«. Manche kommen gut damit klar, während andere sehr darunter leiden. Hinzu kommt, dass in einem anderen gesellschaftlichen Umfeld (oder in einer anderen Zeit) ihr Verhalten durchaus als »normal« betrachtet werden könnte.

Weiterhin sind die Unterschiede zwischen den einzelnen Betroffenen zum Teil so groß, dass von einem einheitlichen »Krankheitsbild« nicht die Rede sein kann. Daher ist es sinnvoll, zum Beispiel von einer Störung mit vielen Ausprägungen zu reden. Manche Ärzte sprechen auch davon, dass von ADHS Betroffene neurologische Unterschiede zu anderen aufweisen.

Doch nun zu den Ursachen von ADHS. Bislang ist nicht vollständig geklärt, warum manche Kinder die damit assoziierten Verhaltensauffälligkeiten zeigen, doch es gibt eine Vielzahl von Theorien – sehr wahrscheinliche genauso wie eher abstruse.

Die Vererbungstheorie

Als wahrscheinlich gilt, dass ADHS erblich ist. Das ergaben unter anderem Untersuchungen, die mit Zwillingen durchgeführt wurden. Es ist jedoch nicht nur ein defektes Gen für ADHS verantwortlich – Wissenschaftler gehen davon aus, dass eine größere Zahl von Genen

In den USA hat man gute Erfahrungen damit gemacht, Jungen zu erlauben, während des Unterrichts einen weichen Ball in den Händen zu halten und ihn zu kneten – oft scheint dies schon ausreichend zu sein, um den Bewegungsdrang etwas einzudämmen. Hinzu kommt, dass viele Jungen einfach besser lernen, wenn sie sich bewegen (und seien es nur die Hände).

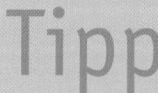

Tipp

so unterschiedliche Eigenschaften wie Konzentrationsfähigkeit und Bewegungsdrang (mit-)festlegt (der Einfluss der Umwelt spielt sicherlich ebenfalls auch eine Rolle).

Hinzu kommt, dass jemand mit von ADHS betroffenen Eltern nicht zwangsläufig auch Verhaltensauffälligkeiten zeigen muss. Wissenschaftler sind der Ansicht, dass allein die Veranlagung für ADHS vererbt wird. Ob sich schließlich ADHS daraus entwickelt, ist auch eine Frage der Umweltbedingungen und der Erziehung.

Vieles deutet darauf hin, dass die Veranlagung für ADHS vererbt wird.

Störungen im Hirnstoffwechsel

Zahlreiche Wissenschaftler sind zudem der Ansicht, dass bei von ADHS betroffenen Kindern eine Störung des Hirnstoffwechsels – also des Aufbaus, der Verwertung oder des Abbaus bestimmter Substanzen im Gehirn – vorliegt. Diese könnte selbstverständlich erblich bedingt sein.

Man vermutet, dass die Übertragung von Nervenreizen – also von bestimmten Gehirnarealen ausgesandten Informationen – in bestimmten Hirnbereichen nicht so funktioniert, wie sie eigentlich sollte.

Die Reizübertragung im Gehirn erfolgt durch bestimmte Substanzen, Botenstoffe oder Neurotransmitter genannt. Zu diesen Neurotransmittern gehört unter anderem Dopamin, das die Nervenenden erregt und unter anderem für Motivation, Aufmerksamkeit und Psychomotorik von Bedeutung sein soll.

Möglicherweise ist bei ADHS die Informationsübermittlung gestört.

Auch Noradrenalin, das in Stresssituationen ausgeschüttet wird, den Körper in Alarmbereitschaft versetzt und schmerzlindernd wirkt, gehört zu den Neurotransmittern, genauso das auch als »Glückshormon« bezeichnete Serotonin, das an der Entstehung von Glücksgefühlen beteiligt sein, aber auch die Impulsivität des Verhaltens steuern soll. Bei Kindern mit ADHS wird vermutet, dass einer dieser drei (oder mehrere) Neurotransmitter in bestimmten Hirnbereichen (unter Verdacht stehen insbesondere das Frontalhirn und die Stammganglien) nicht optimal wirken.

Veränderungen des Gehirns

Neben der Theorie über den gestörten Hirnstoffwechsel als Erklärung für die mit ADHS assoziierten Verhaltensauffälligkeiten gibt es auch noch die Hypothese, dass bei den Betroffenen bestimmte Veränderungen im Gehirn stattgefunden haben bzw. angeborene Veränderungen vorliegen. So wurde bei erwachsenen Männern mit ADHS zum

Beispiel festgestellt, dass ein bestimmtes Areal im Gehirn, der linke frontoorbitale Cortex, kleiner als bei Nichtbetroffenen ist. Ein direkter Zusammenhang zwischen diesen Hirnveränderungen und ADHS ist jedoch bislang nicht bewiesen.

Die Nahrungsmittel-Hypothese

Sind Nahrungs-
mittel an der
Entstehung von
ADHS beteiligt?

Immer wieder ist auch zu hören, dass gewisse Nahrungsmittel oder Inhaltsstoffe von Nahrungsmitteln an der Entstehung von ADHS beteiligt sein oder die Verhaltensauffälligkeiten zumindest verstärken sollen. Besonders in Verruf kamen dabei die Phosphate (Salze der Phosphorsäure), die unter anderem in Wurst, aber auch in Cola-Getränken in größeren Mengen enthalten sind. Diese Hypothese beruht jedoch nicht auf wissenschaftlichen Untersuchungen und konnte bislang nicht bewiesen werden.

Manchen Eltern wird auch eine Auslass-Diät (eine Ernährung, bei der zeitweise auf bestimmte Nahrungsmittel verzichtet wird) empfohlen, um die Nahrungsmittel herauszufinden, die die Verhaltensauffälligkeiten verstärken.

Eltern von Indigo-Kindern, die nahezu identische Verhaltensweisen wie Kinder mit ADHS zeigen sollen, wurde von verschiedenen Autoren nahe gelegt, Zucker und zuckerhaltige Nahrungsmittel zu meiden, da sie das Verhalten noch verstärken sollen. Doch auch dies ist nicht wissenschaftlich belegt.

Rauchen in der Schwangerschaft

Schwangere
sollten nicht
rauchen.

Unstrittig ist heute sicherlich, dass Rauchen in der Schwangerschaft schädlich für das ungeborene Kind ist – jede Zigarette ist sicherlich eine Zigarette zu viel. Doch dass, wie manche meinen, das Rauchen in der Schwangerschaft ADHS beim Ungeborenen fördere, ist bislang nicht belegt.

Die Theorie des schwierigen sozialen Umfelds

Manche Wissenschaftler gehen davon aus, dass Probleme im Elternhaus die Entstehung von mit ADHS in Verbindung gebrachten

Ob zwischen Veränderungen des Gehirns und der Entstehung von ADHS ein Zusammenhang besteht, ist unklar.

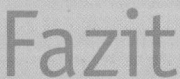

Fazit

Verhaltensauffälligkeiten fördern. Zu den Schwierigkeiten, die genannt werden, gehören übermäßiger Alkoholkonsum wenigstens eines Elternteils, genauso wie psychische Störungen der Eltern (z. B. Depressionen).

Es ist durchaus nachvollziehbar, dass solche familiären Probleme einen Einfluss auf die Kinder haben. Erwiesenermaßen zeigen sich bei Kindern aus schwierigem sozialem Umfeld häufiger Verhaltensauffälligkeiten als bei Kindern aus intakten Familien. Ob sich jedoch dadurch ADHS entwickelt, ist noch unklar.

Die Beziehung zu den Eltern und die Erziehung

Eine weitere Theorie geht davon aus, dass die Beziehung der Eltern zum Kind sowie die Erziehung die entscheidende Rolle bei der Entstehung von ADHS spielen. So meinen zum Beispiel einige Wissenschaftler, dass ADHS entstehen könne, wenn Mutter und Kind

»Ernährung spielt eine wichtige Rolle.«

kurz nach der Geburt keine Bindung zueinander entwickeln, zum Beispiel weil die Mutter das Kind ablehnt oder bei der Mutter eine postnatale (mit der Geburt in Zusammenhang stehende) Depression auftritt. Bewiesen ist dieser Zusammenhang jedoch nicht – schließlich entwickeln nicht alle Kinder, die in den ersten Lebenstagen Ablehnung durch die Mutter erfuhren, Verhaltensauffälligkeiten.

Erzieher sind dagegen oft der Ansicht, dass die Eltern in ihrem Verhalten dem Kind gegenüber nicht konsequent genug sind, dass sie ihm nicht genug Grenzen setzen. Aufgrund dieses Fehlverhaltens der Eltern zeigten sich Verhaltensauffälligkeiten beim Kind.

Eine weitere Sichtweise besagt, dass das Kind sich auffällig verhalte, weil es dadurch andere Konflikte in der Familie zu kompensieren, zu »übertünchen« oder zu verdrängen versuche. Die Probleme mit dem Kind würden andere Schwierigkeiten, zum Beispiel eine Ehekrise, in den Hintergrund stellen. Das auffällige Verhalten erfülle somit eine Funktion.

Manchmal wird ein frühkindliches Trauma als Auslöser für ADHS ausgemacht.

Es gibt aber auch kritische Stimmen, die bezweifeln, dass ADHS überhaupt eine Störung darstellt. Sie führen unter anderem das Argument an, dass Ärzte Ende des 19. Jahrhunderts bei Frauen oft die Diagnose »Hysterie« stellten. Heute werde die im 19. Jahrhundert als »Krankheit der Seele« dargestellte Hysterie, die auf »neurotischen Grundlagen« beruhe, jedoch in keiner Auflistung der psychischen Störungen oder Krankheiten mehr erwähnt – die »Krankheit« Hysterie gibt es nicht mehr.

Psychologen gehen davon aus, dass Frauen Ende des 19. Jahrhunderts gehäuft Symptome wie Schlaflosigkeit und krampfartige (»hysterische«) Anfälle zeigten, weil sie aufgrund der damals geltenden Moral, nach der Frauen zum Beispiel jegliche Sexualität abgesprochen wurde, in seelische Konflikte gerieten, die sich in auffälligem Verhalten sowie mit körperlichen Symptomen äußerten. Auch ADHS, so die Kritiker, könne es in einigen Jahren ergehen wie der Hysterie, zumindest wenn sich die gesellschaftlichen Bedingungen ändern, die heute ein möglichst unauffälliges Verhalten von Kindern erwarten. Den als Störung bezeichneten Verhaltensauffälligkeiten könne dann kein Krankheitswert mehr zugeschrieben werden.

Fazit

Die beiden letzten Theorien sind ebenfalls nicht wissenschaftlich belegt. Viele Wissenschaftler gehen jedoch davon aus, dass die Umwelt des Kindes beziehungsweise dessen Erziehung eine gewisse Rolle bei der Entwicklung von ADHS spielt.

Die Ursachen für ADHS sind also noch lange nicht abschließend erforscht. Es spricht jedoch vieles dafür, dass mehrere Faktoren eine Rolle spielen, zum Beispiel eine genetische Veranlagung und die Erziehung beziehungsweise das soziale Umfeld des Kindes.

Problem Diagnosestellung

Wenn das Verhalten eines Kindes zur großen familiären Belastung wird, wenn Erzieher oder Lehrer an die Eltern herantreten, weil sie glauben, dass das Verhalten des Kindes behandlungsbedürftig ist, wenn Eltern verzweifelt sind, weil ihr Kind sich ganz anders als andere Kinder verhält und von den anderen abgelehnt wird, suchen Eltern verständlicherweise oft Hilfe. In vielen Fällen gehen sie zunächst zum Kinderarzt oder einem anderen Arzt ihres Vertrauens, um eine Erklärung für das Verhalten ihres Kindes zu bekommen.

»Eine liebevolle Umwelt ist wichtig.«

Schildern Eltern dem Arzt ihre Schwierigkeiten, wird dieser heute wahrscheinlich rasch den Verdacht äußern, dass das Kind von ADHS betroffen sein könnte – schließlich ist ADHS in aller Munde. Um abzuklären, ob es sich wirklich um ADHS handelt, bedarf es allerdings einer größeren Anzahl von Tests. Sinnvoll kann auch der Besuch beim Spezialisten sein, denn dieser weiß am besten, worauf zu achten ist.

Immer dann, wenn ein Arzt, ein Psychologe oder auch ein Erziehungsberater nach kurzem Blick auf das Kind die Diagnose ADHS stellt, ist höchste Vorsicht geboten. Denn es reicht nicht aus, ein Kind kurz zu taxieren, um ADHS festzustellen. Schließlich kann ein Kind in einer für es ungewohnten Umgebung ganz anders reagieren als sonst. Auch äußere Umstände können den Eindruck erwecken, dass das Kind von ADHS betroffen ist: So hat es sich möglicherweise noch nicht genügend ausgetobt, steckt deshalb voller Energie und macht auf den Arzt allein aus diesem Grund einen überaktiven Eindruck.

> Meist sind mehrere Untersuchungen nötig, um die Diagnose ADHS zu stellen.

Abgrenzungsschwierigkeiten

Das große Problem bei der Stellung der Diagnose ADHS liegt darin, zu erkennen, ob das Verhalten wirklich schon so auffällig ist, dass ihm ein »Krankheitswert« zugeschrieben werden kann. Es von »normalem«, altersgemäßem Verhalten abzugrenzen, fällt teilweise sehr schwer – insbesondere im Vorschulalter. In diesem Alter zeigen vor allem temperamentvolle, lebhafte Kinder zeitweise ein Verhalten, das nach ärztlichen Maßstäben als hyperaktiv bezeichnet werden kann.

Viele Kinder unter sechs Jahren haben zudem noch eine vergleichsweise kurze Aufmerksamkeitsspanne und sind leicht abgelenkt. Da ADHS in der Regel nur dann diagnostiziert wird, wenn die Probleme bereits vor dem siebten Lebensjahr beginnen bzw. begonnen haben, kann es leicht passieren, dass Kinder unter die Diagnose

> Manchen Kindern im Vorschulalter wird fälschlich das Etikett ADHS angeheftet.

Es ist sinnvoll, wenigstens zwei Meinungen zum gleichen Problem einzuholen. Verantwortungsvolle Ärzte werden das Kind in aller Regel noch an einen Kollegen oder einen Psychologen überweisen, der in Sachen ADHS besonders geschult ist.

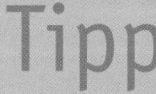

Tipp

ADHS fallen, obwohl sich ihr Verhalten mit fortschreitender Entwicklung noch ändert.

Diagnosekriterien

Es gibt verschiedene Kataloge mit Kriterien zur Feststellung von ADHS, an die sich die Ärzte, die mit ADHS zu tun haben, halten können.

Diagnose nach DMS IV

Die Diagnose ADHS kann unter anderem aufgrund eines Symptomkatalogs erfolgen, der im US-amerikanischen Diagnostic and Statistical Manual of the American Psychiatric Association, Ausgabe 4 (DSM IV; *Diagnose- und Statistik-Handbuch der amerikanischen psychiatrischen Vereinigung*) festgelegt ist.

Diagnosekriterien für Unaufmerksamkeit

Von den folgenden Kriterien zur Unaufmerksamkeit müssen in den letzten sechs Monaten wenigstens sechs in unangemessenem Ausmaß aufgetreten sein, damit ADHS diagnostiziert werden kann:

* Der Patient achtet häufig nicht auf Einzelheiten oder macht Flüchtigkeitsfehler, zum Beispiel bei den Hausarbeiten, bei der Arbeit oder anderen Tätigkeiten.
* Der Patient kann seine Aufmerksamkeit beim Spielen oder bei anderen Tätigkeiten/Aufgaben kaum aufrechterhalten.
* Anweisungen anderer befolgt der Patient oft nicht, Hausarbeiten oder andere Pflichten/Arbeiten bringt er häufig nicht zu Ende – jedoch nicht aus dem Grund, weil er sich gegen die Anweisungen auflehnt.

Verantwortungsvolle Ärzte stellen die Diagnose ADHS bei Vorschulkindern nur dann, wenn die Verhaltensauffälligkeiten ein extremes Ausmaß angenommen haben. Vor der Vollendung des fünften Lebensjahres sollte die Diagnose wegen der großen Bandbreite »normalen« kindlichen Verhaltens möglichst nicht gestellt werden.

Achtung

- Die Organisation von Aufgaben und Arbeiten fällt dem Patienten oftmals schwer.
- Der Patient mag keine Tätigkeiten, bei denen er seinen Geist längere Zeit anstrengen muss. Dazu gehört zum Beispiel die Mitarbeit im Schulunterricht. Er versucht solche Tätigkeiten zu vermeiden oder führt sie nur widerwillig durch.
- Für die Durchführung von Aufgaben/Tätigkeiten benötigte Gegenstände (zum Beispiel Werkzeuge, Bücher, Hefte) verliert der Patient oft.
- Äußere Reize lenken den Patienten rasch und häufig ab.
- Der Patient ist bei alltäglichen Verrichtungen oft vergesslich.

Diagnosekriterien für Hyperaktivität und Impulsivität

Für Hyperaktivität und Impulsivität gibt es Diagnose-kriterien.

Wenigstens sechs der folgenden Symptome für Hyperaktivität und Impulsivität müssen nach DSM IV in den vorhergehenden sechs Monaten aufgetreten sein, damit ebenfalls ADHS diagnostiziert werden kann:

Hyperaktivität

- Das Kind gehört in die Kategorie »Zappelphilipp« – es kann auf einem Stuhl nur schlecht still sitzen, rutscht darauf herum und zappelt häufig mit Händen und/oder Füßen.
- Ohne darum gebeten worden zu sein, steht das Kind in unangemessenen Situationen (zum Beispiel während des Schulunterrichts) von seinem Platz auf.
- In unangemessenen Situationen (zum Beispiel beim Arztbesuch) rennt das Kind viel herum oder klettert im Übermaß (bei Jugendlichen kann sich die Hyperaktivität hier in einer inneren Unruhe, im »Sich-Getrieben-Fühlen« äußern).
- Das Kind kann nur unter Schwierigkeiten in Ruhe spielen oder sich bei Freizeitaktivitäten ruhig verhalten.
- Das Kind ist ständig in Bewegung, immer unterwegs, es scheint, als ob es von irgendetwas getrieben würde.
- Der Mund des Kindes steht nur selten still: Es redet mehr als 95 Prozent seiner Altersgenossen.

Impulsivität

- Ein weiteres Merkmal für ADHS ist, dass das Kind nicht abwarten kann, bis es um eine Antwort gebeten wird – es ruft die

Antwort heraus, bevor die Frage zu Ende gestellt wurde. Es kann andere nicht ausreden lassen.

- Es hat Probleme damit zu warten, bis es an die Reihe kommt.
- Das Kind stört oft andere – es unterbricht Gespräche oder die Spiele anderer Kinder.

Zwingend notwendig ist weiterhin, dass einige der eben genannten Symptome bereits vor dem Alter von sieben Jahren aufgetreten sind und dass sich Beeinträchtigungen durch das Auftreten in wenigstens zwei unterschiedlichen Umfeldern zeigen (zum Beispiel zu Hause und im Bekanntenkreis). Weiterhin muss es deutliche Hinweise darauf geben, dass klinisch bedeutsame Beeinträchtigungen im Umgang mit anderen, in der Schule oder der Arbeitswelt auftreten. Wichtig ist zudem, dass eine andere seelisch bedingte Ursache für die Verhaltensauffälligkeiten (zum Beispiel eine schwere Entwicklungs- oder eine Angststörung) ausgeschlossen werden kann.

Diagnosekriterien nach ICD 10

Die internationale Klassifikation psychischer Störungen, Ausgabe 10, (abgekürzt ICD 10) spricht bei einer Aufmerksamkeitsstörung mit Hyperaktivität von einer so genannten hyperkinetischen Störung und nennt die gleichen Diagnosekriterien wie DSM IV. Zusätzlich nennt ICD 10 jedoch noch die hyperkinetische Störung des Sozialverhaltens, bei denen die Betroffenen die altersentsprechenden Erwartungen, die an ihr Sozialverhalten gestellt werden, nicht erfüllen bzw. sogar stark verletzen (im Jugendalter fällt zum Beispiel der Gebrauch von gefährlichen Waffen darunter).

Je nachdem, ob die Kriterien für Unaufmerksamkeit oder für Hyperaktivität/Impulsivität beziehungsweise für beide Gruppen auf das Kind zutreffen, wird die Aufmerksamkeits-Defizit-Störung in verschiedene Typen eingeteilt. Treffen sowohl die Kriterien für Unaufmerksamkeit als auch für Hyperaktivität/Impulsivität vor, spricht man von einem ADHS-Mischtyp. Treffen nur die Merkmale für Unaufmerksamkeit zu, ist die Rede von ADHS vom vorwiegend unaufmerksamen Typ. Daneben gibt es noch ADHS vom vorwiegend hyperaktiven/impulsiven Typ.

Wissenswert

Schwierige Abgrenzung zu anderen Störungen und Erkrankungen

Die Diagnose ADHS zu stellen ist – trotz der oben genannten Kriterien – eine schwierige Angelegenheit. Denn es gibt eine Reihe anderer Störungen bzw. Erkrankungen, die ebenfalls mit Unaufmerksamkeit, zum Teil auch mit Hyperaktivität einhergehen. Dazu gehören unter anderem:

- Störungen des Sozialverhaltens,
- schwere Entwicklungsstörungen,
- Lernstörungen,
- Drogenmissbrauch bzw. -sucht,
- Minderbegabung.

Andererseits können mit ADHS auch andere Störungen wie Rechtschreibschwäche (Legasthenie) oder Rechenschwäche (Dyskalkulie) einhergehen.

Schwierige Beurteilung des Kindes

Um zur Diagnose ADHS zu kommen, sollte das Verhalten eines Kindes anhand der oben genannten Kriterien (manchmal werden auch weitere dazugenommen) beurteilt werden. Da die Verhaltensauffälligkeiten schon einige Zeit (nach DSM IV und ICD 10 wenigstens sechs Monate) bestehen müssen, der diagnostizierende Arzt das Kind jedoch nicht über einen so langen Zeitraum intensiv beobachten kann, muss er auf die Beobachtungen und Erfahrungen anderer zurückgreifen. Zunächst werden die Eltern gebeten, in der Regel anhand von Fragebögen das Verhalten ihres Kindes zu beschreiben. Auch Erzieher und Lehrer werden manchmal Fragebögen vorgelegt (jedoch längst nicht in jedem Fall).

Die Beurteilung ihres Kindes ist für die Eltern nicht leicht – und natürlich subjektiv gefärbt. Geduldigere Eltern werden ihr Kind

> All die eben aufgelisteten Störungen erfordern eine andere Behandlung als ADHS, weshalb die exakte Diagnose so wichtig ist.

Achtung

sicher anders bewerten als Eltern, die – überspitzt gesagt – beim kleinsten Nörgeln ihres Kindes aus der Haut fahren. Letztere werden ihr Kind zum Beispiel sicher eher als hyperaktiv einschätzen. Haben Eltern bereits, zum Beispiel durch die Beurteilung des Kindes durch andere, den Eindruck gewonnen, ihr Kind könne hyperaktiv sein, werden sie auch eher dazu tendieren, in den Fragebögen die zur ihrer Einschätzung passenden Antworten zu geben.

Auch Erzieher und Lehrer, so sie denn überhaupt befragt werden, haben das Kind oft bereits in eine Schublade gesteckt. Diese Einschätzung kann ein Kind kaum wieder ändern, selbst wenn es sich noch sosehr bemüht. Hinzu kommt, dass die Bewertung durch Erzieher oder Lehrer vermutlich eher in Richtung ADHS ausfallen wird, je mehr sie das Kind – egal, ob bewusst oder unbewusst – ablehnen.

Eltern können ihr Kind nicht objektiv beurteilen.

Der Kinderarzt oder ein anderer Arzt, der die Diagnose stellen soll, beobachtet das Kind zwar ebenfalls, doch in der für Untersuchungen vorbehaltenen kurzen Zeit kann er in aller Regel keine eindeutige Feststellung treffen. Verhält sich das Kind beim Arztbesuch jedoch auffallend, wird er eher dazu tendieren, den Eltern Recht zu geben, wenn deren Beurteilung die Diagnose ADHS vermuten lässt.

Für ein Kind, insbesondere wenn es noch sehr jung ist, ist ein Arztbesuch jedoch meistens eine Ausnahmesituation, in der es sich wahrscheinlich anders verhält als sonst. Ein Kind sollte daher möglichst mehrfach vom Arzt untersucht werden, falls möglich sollte eine zweite Meinung eingeholt oder ein Spezialist zurate gezogen werden. Fachleute unterziehen das Kind nämlich noch testpsychologischen Untersuchungen und beobachten sein Verhalten während der Tests. Ein solches Verfahren ist verständlicherweise recht aufwendig, aber in jedem Fall sinnvoll.

Wissenswert

Wenn Medikamente helfen ...

... die der Arzt zur Behandlung von ADHS verschrieben hat, weil er der Ansicht war, dass das Kind von ADHS betroffen ist, bestätigt dies in der Regel seine Diagnose. »Schalten« die Medikamente das auffällige Verhalten während ihrer Wirkungsdauer aus, so muss – so die gängige Vorstellung vieler Ärzte – ADHS vorgelegen haben. Eine Diagnose, die allein auf der Wirkung von Medikamenten beruht, sollte jedoch von allen Beteiligten infrage gestellt werden. Schließlich sind die Ursachen für ADHS bislang noch nicht vollständig geklärt.

Wenn die gängige Theorie stimmt, dass bei ADHS eine Störung des Hirnstoffwechsels vorliegt, müsste der Hirnstoffwechsel von Kindern untersucht werden, um die Diagnose zu stellen. Das wird aber heute bislang nicht getan. Stattdessen wird die Diagnose ADHS anhand vielfach doch recht unspezifischer Einschätzungen gestellt.

Andere »Defizite«

Neben ADHS treten bei Indigo-Kindern häufig noch weitere »Auffälligkeiten« auf. Dazu zählen in erster Linie Legasthenie und Rechenschwäche, die auch bei ADHS-Kindern vorkommen können.

Unter Legasthenie versteht man Schwächen eines Menschen beim Erlernen von Lesen, Schreiben und Rechtschreiben. Die Ursache für diese Schwächen liegen jedoch nicht in einer Beeinträchtigung der geistigen Entwicklung bzw. der geistigen Fähigkeiten des Betroffenen oder etwa in schlechtem Unterricht. Deutlich wird die Legasthenie oft darin, dass die anderen Leistungen gut oder angemessen sind, die Lernschwäche jedoch bestehen bleibt, auch

Unter den Indigo-Kindern sollen sich zudem auch überproportional viele Linkshänder befinden. Glücklicherweise werden Linkshänder heute nicht mehr ausgegrenzt, und es wird nicht mehr versucht, sie auf die rechte Hand »umzuschulen«. Denn mittlerweile ist erwiesen, dass das Umschulen zu tief greifenden seelischen und körperlichen Störungen führen kann.

Linkshänder

wenn das Lesevermögen oder die Rechtschreibleistung sich verbessert haben.

Eine Rechenschwäche oder Dyskalkulie liegt dann vor, wenn die Grundlagen des mathematischen Verständnisses nicht oder kaum vorhanden sind, wenn also jemand falsche oder verschwommene Vorstellungen von mathematischen Grundbegriffen wie Zahl oder Menge hat und diese auch nur schwer zu ändern sind.

Wie schon erwähnt, bedeutet dies nicht, dass die betroffenen Kinder über mangelnde geistige Fähigkeiten verfügen – im Gegenteil, sie sind oft sogar sehr intelligent. Aber das Verständnis für bestimmte Lernbereiche ist unzulänglich ausgeprägt.

Kinder mit Legasthenie oder Rechenschwäche sind nicht dümmer als andere.

Wie ADS/ADHS behandelt wird

Im Folgenden soll vergleichsweise kurz auf die von Ärzten empfohlenen Behandlungsmethoden bei ADHS eingegangen werden. Die Informationen über verordnete Medikamente sind hier bewusst recht knapp gehalten – an späterer Stelle wird noch einmal detailliert darauf eingegangen. Das Gleiche gilt für Erziehungstipps, die den meisten Eltern an die Hand gegeben werden, wenn ADHS diagnostiziert wurde, sowie für alternative Therapiemethoden.

Der Grund: Im Kapitel »Mein Kind soll etwas Besonderes sein ...« wird zunächst detaillierter darauf eingegangen, worin sich die Beurteilung der Kinder, die als Indigo-Kinder bezeichnet werden, von der Einschätzung von ADHS-Kindern unterscheidet, obwohl bei einem Großteil der Indigos ADHS festgestellt wird. Erst dann soll darauf eingegangen werden, welche Erziehungsratschläge für Eltern von Indigo-Kindern von Bedeutung sind (wobei die meisten auch für von ADHS betroffene Kindern nützlich sind), welche Probleme eine Medikation mit sich bringen kann, wann sie möglicherweise von Nutzen ist und welche alternativen Behandlungsmöglichkeiten sinnvoll für Indigos sein können.

Wann ist überhaupt eine Behandlung nötig?

ADHS sollte immer dann behandelt werden, wenn es zu einem gravierenden Problem für die Eltern und das soziale Umfeld, vor allem aber für die Kinder selbst wird. Fühlt sich ein Kind wohl in seiner Haut, sind aber die Eltern mit den Nerven am Ende, bietet sich zumindest ein Mittelweg an – auf eine Medikation sollte in diesem Fall verzichtet werden, aber andere Behandlungsmethoden können sinnvoll sein. Auch ein Elterntraining, in dem die Eltern lernen, wie sie sich verhalten sollten, sowie – zusätzlich zur Behandlung des Kindes – eine Familientherapie können helfen.

Wenn die Eltern nicht mehr weiterwissen, müssen sie in eine Behandlung mit einbezogen werden.

Wird das Kind aber wegen seines »Andersseins« ausgegrenzt und abgelehnt, erfährt ständig Misserfolge (zum Beispiel in der Schule), kann sich nicht konzentrieren, obwohl es das möchte, oder möchte es aus den eben genannten Gründen nicht mehr in die Schule gehen bzw. zieht sich sehr zurück, ist eine Behandlung unbedingt anzuraten. Wie diese letztlich aussieht, sollten ein verantwortungsvoller Arzt, die Eltern und – so weit möglich – das Kind selbst gemeinsam entscheiden.

Belastet das Verhalten des Kindes weder es selbst noch die Eltern, wird ADHS wahrscheinlich erst gar nicht diagnostiziert werden. Hat ein Arzt aber dennoch (zum Beispiel auf Betreiben der Erzieher oder Lehrer) ADHS bei dem Kind festgestellt, sollte über eine Therapie nachgedacht werden, wenn es große Schwierigkeiten in der Schule oder mit sozialen Kontakten hat – selbst wenn es mit seinem »Einzelgänger-Dasein« zufrieden sein sollte.

Ist eine Psychotherapie sinnvoll?

In vielen Fällen wird der Arzt bei ADHS eine Psychotherapie empfehlen – allerdings natürlich keine reine Gesprächspsychotherapie oder eine Psychoanalyse, sondern auf die kindlichen Möglichkeiten zugeschnittene psychologische Konzepte. Dazu gehören verhaltenstherapeutische »Maßnahmen«, die zum Ziel haben, die Aufmerksamkeitsspanne des Kindes zu verlängern und seine Konzentrationsfähigkeit zu verbessern.

Die Verhaltenstherapie geht davon aus, dass jedes Verhalten »erlernt« wurde und somit auch wieder »verlernt« werden kann. Gemeinsam arbeiten Therapeut und Klient (so werden die Patienten in der Regel genannt) daran, »erwünschtes« Verhalten zu erlernen. Das Kind muss zudem lernen, damit umzugehen, dass es Dinge auf eine andere Weise wahrnimmt als viele andere Menschen. Auf Personen mit ADHS stürzen die Außenreize oft förmlich ein, so dass es für sie (ohne Training) kaum möglich ist, sich auf eine einzige Sache zu konzentrieren.

Zu den verhaltenstherapeutischen Maßnahmen kann auch ein familiäres und soziales Interaktionstraining gehören, das sowohl den von ADHS Betroffenen im Umgang mit anderen hilft als auch dazu beiträgt, dass andere den Menschen mit ADHS besser verstehen und besser auf seine besonderen Bedürfnisse eingehen können und diese ohne Ablehnung tolerieren.

Auch das Selbstwertgefühl des ADHS-Kindes, das oft unter der Ablehnung durch andere und dem Wissen um das »Anderssein« gelitten hat, sollte in der Verhaltenstherapie wieder aufgebaut werden.

Ergotherapie – was ist das?

Kindern mit ADHS wird häufig auch die Durchführung einer Ergotherapie empfohlen. Ergotherapie heißt übersetzt so viel wie Beschäftigungs- und Arbeitstherapie. Mit ihrer Hilfe sollen unter anderem gestörte motorische und psychische Funktionen wiederhergestellt, entwickelt, verbessert oder kompensiert werden. Je nach Störung oder Krankheit kommen ausgewählte Aktivitäten (zum Beispiel Bewegungsübungen) zum Einsatz, um die negativen Auswirkungen zu behandeln.

Von ADHS betroffene Kinder sollen mit Hilfe der Ergotherapie lernen, mit ihrer Störung umzugehen. Da viele Kinder mit ADHS auch Probleme mit der Motorik haben, wird diese in der Regel ebenfalls geschult. Schöpferische Tätigkeiten im Rahmen der Ergotherapie verschaffen den Kindern nicht selten lang vermisste Glücksgefühle.

Es gibt viele Ergotherapeuten mit eigener Praxis.

Sonderpädagogische Maßnahmen

In manchen Fällen kann es sinnvoll sein, das Kind (wenigstens zeitweise) aus einer Regelschule herauszunehmen und auf eine Förderschule, im Volksmund Sonderschule genannt, zu schicken, wo man auf die besonderen Bedürfnisse der Kinder gezielt eingehen kann. Auch wenn von ADHS betroffene Kinder in der Regel nicht minderbegabt, sondern – im Gegenteil – oft sehr intelligent sind, kann ihnen die besondere Förderung manchmal helfen, wieder mehr Spaß an der Schule zu bekommen, da sie hier auch Erfolge erleben.

Oft sinnvoll: Bewegungstherapien

Auch verschiedene Formen von Bewegungstherapie werden bei der Behandlung von ADHS eingesetzt. Hier lernen die Kinder, eine bessere Verbindung zu ihrem Körper aufzubauen, ihn besser zu spüren. Zu den Bewegungstherapien, die Sinn machen, gehört unter anderem das heilpädagogische Reiten. Allein der Kontakt zu den Pferden beruhigt manche hyperaktiven Kinder bereits ein wenig.

Kurse zur Körpererfahrung, therapeutisches Schwimmen oder Trampolinspringen können ADHS-Kindern ebenfalls helfen, ein besseres Verhältnis zu ihrem Körper zu bekommen und ihre Bewegungen leichter zu koordinieren.

Linke Seite: Außenreize zu ignorieren fällt Kindern mit ADHS schwer.

Medikamente zur Behandlung von ADHS

Ausgesprochen wirksam in der Behandlung von ADHS ist der Wirkstoff Methylphenidat, der in Deutschland unter dem Namen Ritalin oder Medikinet erhältlich ist. Methylphenidat zählt zu den als Stimulanzien oder auch als Aufputschmittel bezeichneten Medikamenten, hat bei Personen mit ADHS aber merkwürdigerweise die genau gegenteilige Wirkung – es beruhigt sie und macht sie gleichzeitig wacher und aufnahmefähiger. Die Kinder können sich während der Wirkungsdauer des Arzneimittels in der Regel besser konzentrieren.

Methylphenidat ist auch als Ritalin oder Medikinet erhältlich.

In nicht wenigen Fällen halten Ärzte die Verordnung von Methylphenidat, im Folgenden Ritalin genannt, für nötig, damit die anderen, oben genannten Therapien durchgeführt werden können und von Nutzen sind. Oft wird es auch eingesetzt, damit sich die Kinder in der Schule besser konzentrieren können.

Dieses »Wundermittel« hat selbstverständlich auch seine Schattenseiten (wie übrigens fast alle anderen wirksamen Medikamente auch). Es kann selbstverständlich unerwünschte Nebenwirkungen haben. Zudem ist bislang nicht bekannt, ob es die Gehirne von Kindern, die ja noch in der Entwicklung stecken, nicht auch langfristig verändern kann. Doch dazu später mehr.

Ohne andere begleitende Therapien sollte Ritalin nicht gegeben werden, denn es lindert nur die Symptome von ADHS, »heilt« die Störung aber nicht. Eltern sollten zudem das Für und Wider einer medikamentösen Therapie gut gegeneinander abwägen, bevor sie ihrem Kind Ritalin verordnen lassen. Auch die betroffenen Kinder sollten – falls möglich – ein Mitspracherecht darüber bekommen, ob sie Ritalin nehmen wollen. Kindern unter sechs Jahren sollte es nicht verschrieben werden.

Methylphenidat oder Ritalin steigert die Konzentrationsfähigkeit von Kindern mit ADHS.

Wissenswert

Mein Kind soll etwas Besonderes sein ...

Der große Unterschied zwischen Indigo-Kindern, die häufig von ADHS betroffen sind, und von Kindern mit ADHS, die bislang von ihren Eltern nicht als Indigos bezeichnet werden, besteht darin, wie sie von ihren Eltern und – zum Teil auch – von ihrer Umwelt gesehen werden. Während Eltern ihre Indigo-Kinder als etwas – im positiven Sinn – ganz Besonderes betrachten, bewerten Eltern das Anderssein ihrer »nur« von ADHS betroffenen Kinder in einem Großteil der Fälle wegen der vielen Probleme, die damit einhergehen, als negativ – und das, obwohl Indigos und ADHS-Kinder nach breiter Einschätzung oft identisch sind, wie auch die typischen Indigo-Eigenschaften zeigen.

Indigos werden – auch bei ADHS – von ihrer Umwelt positiv beurteilt.

Einstellungen färben auf die Kinder ab

Wie man sich gut vorstellen kann, können viele Indigo-Kinder, die von ihren Eltern als etwas Besonderes gesehen werden, mit ihrem Anderssein besser umgehen als Kinder, die als Problemfälle betrachtet werden. Der Grund: Akzeptieren Eltern ihr Kind, nehmen sie es an, wie es ist, wird es auch dem Kind leichter fallen, mit seiner »Andersartigkeit« umzugehen, selbst wenn es noch immer ein Einzelgänger bleiben sollte.

So wird von vielen Indigo-Kindern gesagt, sie wüssten schon von klein auf genau, wer sie sind, seien bereits im Kleinkindalter richtige Persönlichkeiten und wollten von den Erwachsenen ernst genommen werden. Die Ablehnung anderer würde sie natürlich schon belasten, doch da sie über ein solides Fundament aus Liebe und Anerkennung verfügten, kämen sie damit noch vergleichsweise gut klar (an manchen Tagen selbstverständlich besser als an anderen).

Erfährt ein Kind jedoch ständig Ablehnung (auch von seinen Eltern), ist klar, dass sein Selbstwertgefühl schrumpft. Denn mehr noch als Erwachsene sind Kinder bei der Entwicklung ihres Selbstwertgefühls auf die positive Bewertung anderer (insbesondere auch der Eltern) angewiesen. Wie verletzend schon ein paar ablehnende Worte sein können, hat wohl jeder bereits am eigenen Leib erfahren: So kann die nachlässig hingeworfene negative Bemerkung eines

anderen über die eigenen Fähigkeiten einem manchmal den ganzen Tag verleiden. Und wie mag es dann wohl erst einem Kind gehen, dass ständig und überall auf Ablehnung trifft?

Selbst wenn einem das Konzept von den Indigo-Kindern nicht behagt, kann man doch etwas daraus lernen: ein Kind anzunehmen mit all seinen Fehlern und Schwächen, es zu lieben und ihm zu zeigen, wie sehr man es schätzt, selbst wenn es sich anders verhält als andere Kinder. Eltern, bei deren Kind die Diagnose ADHS gestellt wird, reagieren jedoch häufig erst einmal völlig entgegengesetzt (selbst, wenn sie froh darüber sind, dass sie durch die Diagnose nun endlich wissen, woran sie sind): Sie hören oft nur das Wort »Defizit« aus dem Begriff »Aufmerksamkeits-Defizit-Hyperaktivitäts-Störung« heraus und sind niedergeschlagen, dass ihr Kind gegenüber anderen benachteiligt sein soll. Dabei sehen sie nicht, dass mit dieser Störung auch viel Positives verbunden ist, zum Beispiel die oft ausgeprägte Kreativität der Kinder, ihr starker Gerechtigkeitssinn sowie ihr besonderer Charme.

Ständige Ablehnung nagt am Selbstwertgefühl.

Oft sind diese positiven Eigenschaften über den ganzen Schwierigkeiten, die von ADHS betroffene Kinder haben, ja auch schwer zu erkennen, doch wenn die betroffenen Eltern gezielt nach ihnen suchen, werden sie die besonderen Merkmale ihres Kindes bestimmt entdecken. Und schon ist ein erster Schritt dahin gemacht, das Kind in einem positiveren Licht zu sehen (wobei natürlich auch gesagt werden muss, dass die Verhaltensauffälligkeiten nicht allein deshalb »verschwinden« werden, nur weil sich die Einstellung der Eltern zu ihrem Kind ändert).

Jedes Kind hat positive Eigenschaften.

Die Vertreter des Indigo-Konzepts meinen auch, dass Eltern sich überlegen sollten, ob sich das Wort »Aufmerksamkeits-Defizit« in dem Wort Aufmerksamkeits-Defizit-Syndrom tatsächlich ausschließlich auf die betroffenen Kinder bezieht. Sie sind der Ansicht, dass es genauso gut auf viele Eltern hinsichtlich der Beziehung zu ihren Kindern zutreffen könnte, denn viele Eltern schenkten ihren Kindern nicht die Aufmerksamkeit, die sie eigentlich bräuchten.

Auch über diese Überlegung sollten Eltern mit verhaltensauffälligen Kindern ruhig einmal länger nachdenken. Wenn auch das Kind sich durch zusätzliche Aufmerksamkeit vielleicht nicht ändert, die Beziehung zwischen Kind und Eltern verbessert sich in der Regel schon, wenn man mehr Zeit mit seinem Kind verbringt und ihm intensiver zuhört. Gemeinsame Unternehmungen verstärken die günstige Eltern-Kind-Beziehung.

Linke Seite:
»Manche Kinder wissen schon früh, was sie wollen.«

Die Bezeichnung Indigo-Kind – nur eine neue Schublade?

Indigo-Kinder gelten als besonders begabt, kreativ und intelligent. Ihnen wird eine starke Persönlichkeit zugesprochen und ihre fünf Sinne sollen besonders weit entwickelt sein. Zudem sollen sie über eine besonders starke Intuition verfügen und ausgesprochen viel Liebe empfinden und geben können. Ihre positiven Eigenschaften werden von der Umwelt jedoch oft verkannt, weil sie schwer zu führen sind und Erwachsene nur dann als Autoritäten anerkennen, wenn diese ihnen Erklärungen geben oder Wahlmöglichkeiten lassen. Im Großen und Ganzen sind das alles wunderbare Eigenschaften, auch die vermeintlich negativen – denn wer will schon ein Kind, das alles macht, was andere sagen, ohne die Anweisungen zu hinterfragen?

Genau in dieser positiven, schon fast verklärenden Sichtweise der Indigo-Kinder kann jedoch auch ein Problem liegen: Eltern geraten leicht in Versuchung, ihr Kind zu überschätzen, und es als Indigo-Kind anzusehen.

Es kann passieren, dass sie ihr Kind überfordern, weil sie zu viel von ihm erwarten. Und Überschätzung und Überforderung setzt Kinder unter einen enormen Leistungsdruck. Da sie wissen, dass ihre Eltern Großes von ihnen erwarten, werden sie in vielen Fällen sicher versuchen, diese Erwartungen zu erfüllen. Erbringen sie die geforderten Leistungen dann doch nicht, kann einerseits die Enttäuschung über sich selbst, andererseits die Enttäuschung der Eltern zu einem Verlust oder zumindest einer deutlichen Schmälerung des Selbstwertgefühls führen. Manche können wahrscheinlich bereits dem Leistungsdruck nicht standhalten und suchen nach anderen Wegen der Selbstbestätigung. Im schlimmsten Fall finden die Kinder/Jugendlichen sie in Drogen oder aber sie suchen gezielt nach Mutproben, mit denen sie beweisen können, dass sie doch zu »großen« Leistungen imstande sind.

Ein weiteres Problem des Indigo-Konzepts liegt darin, dass Kinder mit Verhaltensauffälligkeiten möglicherweise nur wieder in eine neue »Schublade« gesteckt werden. Ihnen werden Eigenschaften zugesprochen, die sie vielleicht gar nicht haben, anstatt jedes Kind in seiner Einzigartigkeit zu betrachten und diese zu fördern. Auszuschließen wäre das nicht, denn schließlich neigen wir Menschen dazu, andere und ihre Eigenschaften in verschiedene »Schubladen« einzusortieren, da dies das Leben immens vereinfacht. Steckt jedoch

Selbst negative Verhaltensweisen von Indigos erscheinen liebenswert.

»Schubladen« sind keine Lösung.

Rechte Seite: »Verbringen Sie Zeit mit ihrem Kind.«

eine Person erst einmal in einer dieser Schubladen, ist ihr Verhalten von uns bewertet worden, ist es für diesen Menschen schwer, uns davon zu überzeugen, diese Einteilung wieder zu ändern. Das könnte im Falle der Indigo-Kinder beispielsweise bedeuten, dass wir sie in einem zu rosigen Licht sehen beziehungsweise, dass wir sie überschätzen.

Eine andere Gefahr des Indigo-Konzepts besteht darin, dass unerwünschte Verhaltensweisen bei den so genannten Indigos aufgrund der insgesamt positiven Bewertung ihrer Eigenschaften einfach als gegeben hingenommen werden könnten, dass Eltern also erst gar nicht versuchen, gegen Verhaltensauffälligkeiten anzugehen. Im schlimmsten Fall ordnen Eltern ihr Leben vielleicht völlig den Wünschen des Kindes unter – denn schließlich werden die Indigos in Esoterik-Kreisen vielfach als diejenigen betrachtet, die der Welt den Frieden bringen und sie zum Besseren verändern können.

Das Konzept von den Indigo-Kindern ist sicher in vielen Bereichen sinnvoll für Kinder mit Verhaltensauffälligkeiten. Ein Kind anzunehmen und eine positive Einstellung zu ihm zu haben, hilft Eltern bei der Bewältigung von Schwierigkeiten und zeigt dem Kind, dass seine Eltern – trotz aller Ablehnung, die es sonst oft von seiner Umwelt erfährt – voll hinter ihm stehen.

Aber Eltern müssen darauf aufpassen, ihr Kind nicht zu überschätzen und zu überfordern. Gleichzeitig müssen sie einen Weg finden, mit den Schwierigkeiten fertig zu werden, die das Zusammenleben mit einem Kind mit sich bringt, das »anders« als andere ist. Beispielsweise müssen sie ihrem Kind eine starke Führung bieten. Das heißt, sie müssen ihrem Kind Wege aufzeigen, wie es sich in bestimmten Situationen verhalten kann, und Grenzen setzen, damit es weiß, wie weit es gehen kann.

Fazit

Tipps für den Umgang mit »schwierigen« Kindern

Das Leben mit einem Indigo-Kind ist sicher für alle Beteiligten nicht leicht. Schließlich eckt das Kind fast überall an, wird wahrscheinlich von vielen Menschen abgelehnt, weil es nicht der »Norm« entspricht, und bereitet auch im Elternhaus viele Probleme. Die folgenden Ratschläge für Eltern sollen dazu beitragen, das Zusammenleben sowohl für Eltern als auch für das Kind zu vereinfachen. Sie eignen sich selbstverständlich auch für Kinder, bei denen ADHS diagnostiziert wurde, deren Eltern dem Konzept von den Indigo-Kindern jedoch kritisch gegenüberstehen.

Zentrale Punkte im Umgang mit Indigos (und anderen Kindern)

Die folgenden Ratschläge gelten nicht nur für Indigos, sondern sollten eigentlich von allen Eltern befolgt werden. Sie zeigen dem Kind, dass die Eltern es ernst nehmen, seine Persönlichkeit achten und es – und dies ist der allerwichtigste Punkt – lieben.

- Kinder sollten mit ihren Gefühlen, ihren Sorgen, Ängsten und Wünschen stets ernst genommen werden.
- Eltern sollten ihrem Kind nie negative Eigenschaften wie »Du bist aber dumm« oder »Du bist zu blöd, um das zu lernen« zuschrei-

Allerdings sollte man von solchen Tipps auch nicht zu viel erwarten – ein Elterntraining, bei dem in der Regel ähnliche Ratschläge gegeben werden, bringt oft mehr, da die Eltern dort in praktischen Übungen lernen, wie sie am besten mit ihren Kindern umgehen. Und alles, was man selbst schon einmal in die Praxis umgesetzt hat (und sei es nur spielerisch), bleibt meistens besser im Gedächtnis als die Ratschläge aus einem Buch. Ein Elterntraining ist daher in jedem Fall zu empfehlen, wenn Eltern der Ansicht sind, dass sie ein »Problemkind« haben.

Achtung

ben. Das setzt das Kind herab und verletzt sein Selbstwertgefühl. Es könnte denken: »Ich muss wirklich dumm sein, wenn meine Eltern das meinen.« Falls ein Kind etwas getan hat, was nicht den Vorstellungen der Eltern entspricht, könnten diese stattdessen sagen »Das war nicht gut, was du jetzt getan hast« oder »Das war eine ganze schöne Dummheit, die du da begangen hast, aber jeder macht mal Fehler«. Auf diese Weise setzen Eltern nur die Tat, nicht aber das Kind herab.

- Wünschen Eltern, dass ihr Kind etwas Bestimmtes tut, sollten sie auch immer eine Erklärung liefern, warum es die Anweisung befolgen soll. Insbesondere Indigos akzeptieren keine Anweisungen ohne gute Erklärung. In manchen Situation ist das einfach, zum Beispiel im Straßenverkehr. Da brauchen Eltern nur zu sagen: »Es ist gefährlich, wenn du über die Straße rennst, ohne vorher zu gucken. Ein Auto könnte dich erfassen.«

- In anderen Situationen fallen gute Erklärungen schon schwerer, zum Beispiel, wenn das Kind sein Zimmer aufräumen soll. Eltern könnten zum Beispiel sagen, dass es sie stört, wenn das Zimmer so unordentlich ist. Gerade bei älteren Kindern fruchtet das jedoch häufig nicht, selbst wenn diese Erklärung ehrlich gemeint ist (und das sollten Erklärungen immer sein). Sie sagen ganz einfach: »Mich stört der Zustand meines Zimmers nicht.« In solchen Fällen kann es besser sein, einen Kompromiss zu finden, zum Beispiel dass das Kind einmal wöchentlich sein Zimmer so weit aufräumt, dass der Boden gereinigt werden kann. Tut es das nicht, verschwinden die auf dem Boden liegenden Sachen in einer großen Tüte, die erst einmal weggeschlossen wird.

Anweisungen sollten immer begründet werden.

- Die Eltern sollten nicht immer diejenigen sein, die bestimmen, was gemacht wird. Ein besseres Verhältnis zwischen Eltern und Kindern resultiert oft daraus, dass Kinder – so weit wie möglich und dem Alter des Kindes angemessen – an Entscheidungen, die die Familie betreffen, beteiligt werden.

- Kinder sollten – falls möglich – immer eine Wahlmöglichkeit erhalten. Selbst wenn sie offensichtlich eine »falsche« Wahl getroffen haben (zum Beispiel die Skijacke im Hochsommer anziehen wollen), sollten Eltern sie gewähren lassen. Kinder lernen am besten aus eigenen Fehlern. Wenn die vom Kind getroffene Wahl gefährlich werden könnte, sollten Eltern eingreifen.

- Ein Kind muss sich auf seine Eltern verlassen können. Eltern können daher nicht oft genug sagen, dass sie ihr Kind auch

Stärken Sie das Selbstvertrauen ihres Kindes.

dann noch lieb haben und es unterstützen, wenn es den größten Blödsinn gemacht hat (und in schwierigen Situationen natürlich auch dementsprechend handeln).

- Eltern sollten ihrem Kind etwas zutrauen. Anstatt zu sagen: »Das kannst du noch nicht« oder »Dazu bist du noch zu klein«, sollten sie Wege finden, ihrem Kind das zu ermöglichen, was es möchte. Beispielsweise können sie mit ihm auf die Rutsche klettern, wenn sie befürchten, dass es noch nicht allein die Leiter hochkommt. Immer wieder sollten Eltern ihrem Kind Mut machen, zum Beispiel mit den Worten: »Das schaffst du schon noch. Wenn es jetzt nicht gleich klappt, dann üben wir eben noch ein bisschen, dann funktioniert das irgendwann schon.«

- Eltern sollten ihrem Kind mehrmals täglich ihre Liebe zeigen. Für eine kurze Umarmung oder eine andere liebevolle Geste ist zwischendurch immer Zeit. Ein Kind, das in den Arm genommen werden möchte, sollte nicht abgewiesen werden – es sei denn, die Situation erfordert es (schließlich kann man ein Kind schlecht umarmen, wenn man hinter dem Steuer eines Autos sitzt). Dann muss man dem Kind aber auch erklären, warum es gerade nicht geht. Im Übrigen wollen auch die angeblich so coolen Teenager die Zuneigung ihrer Eltern spüren. Allerdings sollte man es tunlichst vermeiden, sie vor den Augen ihrer Freunde in den Arm zu nehmen – das ist ihnen unangenehm und peinlich.

Grenzen setzen, konsequent sein

Indigo-Kinder brauchen noch mehr als andere Kinder, vor allem wenn sie von ADHS betroffen sind, feste Grenzen. Grenzen bieten Kindern Sicherheit, auch wenn sie immer wieder austesten, ob sie sie nicht doch überschreiten dürfen. Eltern müssen – haben sie einmal eine Grenze festgelegt – konsequent bleiben. Sie sollten auch erklären, warum sie bestimmte Grenzen setzen. In einigen Fällen ist es auch möglich, Grenzen gemeinsam mit den Kindern festzulegen.

Ein Beispiel für das Setzen einer Grenze: In einer Familie, die nah an einem Fluss wohnt, dürfen die Kinder nicht allein ans Wasser gehen, solange sie noch nicht schwimmen können beziehungsweise ein bestimmtes Alter erreicht haben. Befolgt ein Kind diese Anweisung nicht, überschreitet es also die »Grenze«, muss es gewisse, am besten vorher festgelegte Konsequenzen (nicht Strafen) in Kauf nehmen. Die Konsequenz könnte in diesem Fall zum Beispiel darin bestehen, dass das Kind für einige Zeit nur noch im umzäunten Garten und nicht mehr auf der zum Fluss führenden Straße spielen darf oder dass es ins Haus gehen muss, sobald es die Anweisung nicht befolgt.

Konsequenzen sind nicht das Gleiche wie Strafen.

Grenzüberschreitungen müssen selbstverständlich auch Folgen haben, wie in dem eben genannten Beispiel beschrieben. Es nützt nichts, Grenzen zu setzen, wenn diese ohne Konsequenzen überschritten werden können – denn dann sind es keine echten Grenzen. Die Konsequenz muss für das Kind jedoch immer verständlich sein, sie sollte möglichst die logische Folge einer Grenzüberschreitung sein. Eltern müssen ihrer Fantasie freien Lauf lassen, dann findet sich in den meisten Fällen schon eine passende logische Folge.

Damit das alles nicht falsch verstanden wird: Grenzen sind nicht starr – sie müssen immer wieder den veränderten Gegebenheiten angepasst werden. Ein Beispiel: War das Benutzen einer Säge für ein Kleinkind noch tabu, kann ein Kindergartenkind bereits lernen, damit umzugehen. Muss ein Kind, das noch keine zehn Jahre alt ist, spätestens um sechs Uhr zu Hause sein, kann diese Zeit im Teenageralter nach hinten verlegt werden. Am besten, man legt Grenzen gemeinsam mit den Kindern immer wieder neu fest – sie wissen oft sehr genau, was sie sich selbst zutrauen können.

Konsequent zu sein, bedeutet für Eltern nicht, übermäßige Strenge zu zeigen. Und es heißt schon gar nicht, impulsiv auf das Fehlverhalten eines Kindes zu reagieren. Befolgt ein Kind bestimmte Regeln nicht, sollte zunächst die Androhung einer Konsequenz – also sozusagen eine erste Verwarnung – folgen. Ein Beispiel: Hörst du beim Baden nicht auf, das ganze Badezimmer voll zu spritzen, musst du die Badewanne verlassen. Missachtet ein Kind diese Anweisung, die deutlich formuliert sein muss, müssen Eltern

Grenzen sind veränderlich. Was für Kleinkinder noch gilt, muss zum Beispiel für Schulkinder keine Geltung mehr haben.

Tipp

ihre »Drohung« wahr machen – und zwar möglichst ohne viele weitere Worte darum zu machen. Am eindrucksvollsten für das Kind ist es, wenn Eltern ganz ruhig bleiben und die Konsequenz folgen lassen.

Verständlicherweise fällt es den meisten Eltern nicht leicht, Ruhe zu bewahren, wenn sich ihr Kind ihren Anweisungen widersetzt – vor allem dann nicht, wenn dies am gleichen Tag zum wiederholten Mal passiert. Sinnvoll kann es sein, erst einmal kurz mit geschlossenen Augen bis zehn zu zählen, um sich zu beruhigen. Anderen hilft es, kurz aus dem Zimmer zu gehen und tief durchzuatmen, um anschließend die Konsequenz folgen zu lassen. Kindern zeigt dies, dass Eltern sich nicht durch ihr Verhalten aus der Ruhe bringen lassen. Es verleiht ihnen auch Sicherheit, wenn Eltern zu ihren angekündigten Konsequenzen stehen – sie wissen dann, dass das Verhalten ihrer Eltern berechenbar ist. Aus diesem Grund sollte man auch nie mit Konsequenzen »drohen«, die man nicht durchsetzen kann. Denn sonst kann man nicht zu seinem Wort stehen.

Nie mit undurchführbaren Konsequenzen drohen!

Leben nach festen Regeln

Insbesondere für Indigos mit und ohne ADHS sowie für von ADHS betroffene Kinder ist es wichtig, dass sie nach festen Regeln leben. Zieht sich durch den Tagesablauf eine klare Linie, verringern sich die Reize, die auf das Kind einstürmen. Daneben geben Regeln auch Sicherheit. Und das hilft den Kindern unter anderem dabei, sich besser zu konzentrieren.

Feste Regeln sind natürlich von Familie zu Familie unterschiedlich. In einer Familie könnte zum Beispiel die Regel gelten, dass das Kind erst seine Hausaufgaben machen muss, bevor es ins Freie zum Spielen darf. Eine andere Familie hat vielleicht festgestellt, dass dies unpraktikabel ist, weil das Kind sich erst einmal austoben muss, bevor es sich wieder an den Schreibtisch setzen kann. Regeln müssen also immer an die Bedürfnisse der Familie angepasst werden.

Regeln strukturieren den Tagesablauf.

Natürlich können auch immer mal wieder Ausnahmen von der Regel gemacht werden – schließlich ist nicht jeder Tag gleich. Aber im Großen und Ganzen sollten die Regeln schon von den Kindern und den anderen Familienmitgliedern befolgt werden.

Tipp

Geduld bewahren

Für Eltern mit Indigos heißt eine der wichtigsten Regeln, Geduld mit ihren Kindern zu haben. Insbesondere wenn die Kinder hyperaktiv sind, kann das manchmal schwer fallen. Eltern sollten sich jedoch am besten immer das Bild vom gemütlichen Meister Eder vor Augen halten, der auch nicht »ausrastet«, wenn sein Kobold Pumuckl wieder etwas angestellt hat, sondern versucht, die Dinge in Ruhe zu bereinigen. Geht man jedoch gleich in die Luft wie das HB-Männchen aus einer alten Zigarettenwerbung, hilft das weder einem selbst noch dem Kind. Das Kind wird dadurch nur verunsichert und verhält sich in vielen Fällen sicher nicht so, wie das Elternteil es wünscht. Das Verhalten des Elternteils provoziert nämlich häufig eine Trotz-reaktion: »Jetzt erst recht ...« Und der Elternteil ist nach dem ver-meintlichen »Luftablassen« oft nur noch wütender und erschöpfter als zuvor.

Bevor es zu einer Explosion kommt, ist es oft besser, das Kind für eine »Auszeit« aus dem Zimmer in eine möglichst reizarme Umgebung zu schicken. Dort muss es dann erst einmal bleiben und sollte – falls bereits möglich – darüber nachdenken, was eben falsch gelaufen ist. Die maximale Dauer der Auszeit orientiert sich übrigens am Lebensalter des Kindes: Für Dreijährige bieten sich maximal drei Minuten, für Vierjährige vier Minuten und so weiter an.

Eine »Auszeit« bringt Abstand zwischen Eltern und Kind.

Unerwünschte Verhaltensweisen und der Umgang damit

Ungewollte Verhaltensweisen des Kindes machen Eltern das Leben schwer. In vielen Fällen versuchen Kinder damit jedoch nur die Aufmerksamkeit der Eltern zu erringen, da sie wissen, dass die Eltern bestimmt darauf reagieren. Was ist in solch einem Fall zu tun? Predigen nützt nichts – das Kind hört sowieso nicht zu. Aus dem Zimmer schicken hilft vielleicht kurzzeitig, doch danach geht es wieder los. Wütend werden ist besonders schlecht, denn dann bekommt das Kind ja, was es will – nämlich die volle Aufmerksamkeit der Eltern.

Am besten ist es, das unerwünschte Verhalten zu ignorieren (zu-mindest solange es für niemanden gefährlich wird). Man kann auch kurz sagen: »Ich sehe, was du da tust. Aber es interessiert mich nicht.« Auf diese Weise erfährt das Kind, dass es mit einem solchen Verhalten nicht zu seinem Ziel kommt. Es muss sich also andere

Unerwünschtes Verhalten sollten Eltern nicht mit Aufmerksamkeit »belohnen«.

»Fördern Sie
die Stärken Ihrer
Kinder.«

Strategien ausdenken – und, wenn Eltern Glück haben, »vergisst« es darüber vielleicht sogar das unerwünschte Verhalten.

Wohlverhalten belohnen

Psychologen haben festgestellt, dass Menschen ein gewisses Verhalten am ehesten beibehalten, wenn sie dafür belohnt werden. Das gilt natürlich auch für Indigos. Eltern sollten daher Anreize schaffen, um erwünschtes Verhalten zu fördern. Hilfreich ist dabei ein Punktesystem.

Ein Beispiel: Ein Kind beißt im Kindergarten die anderen Kinder. Die Mutter trägt für jeden Tag, an dem das Kind dieses Verhalten unterlässt, ein lachendes Gesicht in den Kalender ein, für jeden Tag, an dem es ein anderes Kind gebissen hat, ein trauriges Gesicht. Bei fünf lachenden Gesichtern (oder mehr) gibt es eine Belohnung: Das Kind darf beispielsweise abends eine Stunde länger aufbleiben oder die Mutter fährt mit ihm ins Schwimmbad – je nachdem, was es gerne tut. Auf diese Weise lernt das Kind, dass es von dem erwünschten Verhalten profitiert und wird es eher annehmen, als wenn die Mutter nur mit ihm schimpft. Für die »Minuspunkte«, in diesem Beispiel die traurigen Gesichter, können sich die Eltern natürlich auch eine Konsequenz einfallen lassen – auf die Belohnung sollte diese allerdings keinen Einfluss haben.

Sinnvoll ist es auch, das Kind für ein erwünschtes Verhalten zu loben. Die meisten Eltern üben vorwiegend Kritik, loben aber viel zu

Durch Belohnung
lernt man am
besten.

wenig. Auf jede Kritik sollte wenigstens ein Lob, am besten zwei oder drei kommen. Auf diese Weise merkt das Kind, dass es von seinen Eltern angenommen und geliebt wird, und sein Selbstwertgefühl wird gesteigert, weil es feststellt, dass es vieles gut kann beziehungsweise auch viele gute Seiten besitzt.

Schwächen fördern, Stärken hervorheben

Jedes Indigo-Kind hat seine Schwächen und Stärken – das wissen Eltern selbst am besten. Die Schwächen lassen sich leider oft leichter herausfinden als die Stärken, weil Eltern oft – in vielen Fällen auch von anderen – geradezu mit der Nase darauf gestoßen werden. Diese Schwächen sollten Eltern – so gut wie möglich – fördern.

Wiederum ein Beispiel: Einem Kind, das sich bei den Hausaufgaben (genau wie in der Schule) nicht gut konzentrieren kann, muss dabei geholfen werden, seine Aufmerksamkeitsspanne zu erhöhen. Bei einem Indigo-Kind kann es zum Beispiel helfen, die Lernumgebung möglichst reizarm einzurichten, damit nicht ständig andere Reize auf das Kind einwirken. Oder, falls es besser lernen kann, wenn es sich bewegt, muss es die Möglichkeit erhalten, beim Lernen zwischendurch einmal aufzustehen oder einen Gegenstand (zum Beispiel einen kleinen Ball) mit den Händen zu kneten.

Die Stärken von verhaltensauffälligen Kindern, zu denen Indigos nun einmal gehören, herauszufinden, fällt oft erheblich schwerer als die Schwächen. Eltern sollten jedoch unbedingt gezielt danach suchen, damit sie ihrem Kind auf diesem Gebiet weitere Erfolgserlebnisse verschaffen können und dadurch sein Selbstbewusstsein stärken. Denn gerade für Indigos, die von anderen oft abgelehnt werden, ist es wichtig zu wissen, dass sie auf einem oder mehreren Gebieten besonders gut, vielleicht sogar besser als die anderen sind. Ein Kind, das sich zum Beispiel gern bewegt, können Eltern vor kleine Herausforderungen stellen, von denen sie sicher sein können, dass ihr Kind sie meistern wird. Beispielsweise könnten sie ihr Kind auffordern, an einem Klettergerüst entlang zu hangeln oder über einen längeren Balken zu balancieren. Hat das Kind die Herausforderung bewältigt, sollten die Eltern es ausgiebig dafür loben.

Tipp

Eltern müssen herausfinden, wo genau die Schwächen ihres Kindes liegen. Erst dann können sie ihm gezielt helfen.

Ich-Botschaften aussenden

Die meisten Eltern, die sich über das Verhalten ihres Kindes ärgern, machen dem Kind Vorwürfe wie »Du bist schon wieder so unordentlich« oder »Kannst du nicht endlich aufhören zu nörgeln?« Solche Botschaften drängen den Angegriffenen immer in die Defensive – er fühlt sich genötigt, sich zu verteidigen. Außerdem rufen Vorwürfe häufig Trotzreaktionen hervor, weil keiner es liebt, angegriffen zu werden.

Ich-Botschaften zeigen, dass ein bestimmtes Verhalten nicht toleriert wird.

Eltern, die sich wünschen, dass sich das Verhalten ihres Kindes ändert, sollten Ich-Botschaften aussenden. Diese klingen nicht vorwurfsvoll und helfen Eltern und Kindern dabei, Lösungen für die Probleme zu finden. Die zu den oben genannten Beispielen passenden Ich-Botschaften könnten zum Beispiel folgendermaßen lauten: »Ich habe mich darüber geärgert, dass es in deinem Zimmer so unordentlich ist, weil ich über die auf dem Fußboden liegenden Dinge gestolpert bin. Meinst du nicht, wir sollten gemeinsam überlegen, was wir dagegen tun könnten?« oder »Ich bin im Moment ein wenig gereizt. Es wäre daher schön, wenn du in einem anderen Ton mit mir reden könntest.« Damit sind sie dem Kind außerdem positives Vorbild in der Auseinandersetzung mit anderen.

Solche Botschaften klingen doch viel positiver als die oben erwähnten Vorwürfe. Sie machen es dem Kind wesentlich leichter, auf die Wünsche seiner Eltern einzugehen.

Nicht übermäßig korrigieren

Die meisten Eltern haben ständig etwas an ihren Kindern auszusetzen. Hier einige Beispiele: »Sitz gerade«, »Schlürf deine Suppe nicht«, »Pass doch auf, wo du hintrittst«, »Trödel nicht so«. Indigo-Kinder werden auf diese Weise mit viel zu vielen Reizen konfrontiert, so dass sie bald nicht mehr wissen, wie sie sich überhaupt noch verhalten dürfen.

Rechte Seite: »Verzichten Sie auf übermäßiges Korrigieren.«

Eltern sollten deshalb auf dieses übermäßige Korrigieren verzichten und nur die wirklich wichtigen Punkte benennen. Denn sonst kann es passieren, dass das Kind bald »taub« gegenüber den Wünschen seiner Eltern wird, auf überhaupt nichts mehr hört oder reagiert, sondern lieber abschaltet, weil es sowieso nur eine erneute »Tirade« erwartet. Mütter sollten sich hier besonders in die Pflicht

genommen fühlen, da häufig sie es sind, die viel zu viel reden und viel zu viele unwichtige Anweisungen geben.

Bewegung – wichtig für Indigos

Eltern sollten darauf achten, dass Indigos genug Bewegung bekommen. Schließlich ist es gerade für hyperaktive Kinder besonders wichtig, sich auch mal richtig austoben zu können – so können sie überschüssige Energien am besten loswerden. Eltern werden feststellen, dass ihre Kinder wesentlich ruhiger sind, wenn sie ausreichend Bewegung bekommen haben.

Auf dem Land ist es natürlich wesentlich einfacher, Indigos genügend Bewegung zu verschaffen – man kann sie einfach zum Spielen vor die Tür schicken. In der Stadt ist das schon schwieriger. Es fehlen Grünflächen, Spiel- und Sportplätze, wo die Kinder unbekümmert toben können. Und viele Spielplätze sind zum Hundeklo verkommen oder werden von Jugendgangs als Treffpunkt genutzt, so dass die Kleineren dort keine Möglichkeit mehr zum Spielen finden. Eltern müssen sich also schon etwas einfallen lassen, um ihre Kinder in Bewegung zu halten.

Bewegungsmöglichkeiten für Kinder sind Mangelware.

Das Beste ist es, sie in einem Sportverein anzumelden, in dem sie regelmäßig die Sportart trainieren können, die ihnen Freude bereitet. Eltern sollten – wenn möglich – ihr Kind entscheiden lassen, was es gern machen möchte. Da Indigos oft sehr sprunghaft sind, kann es jedoch passieren, dass es sich an einem Tag hierfür, am anderen dafür interessiert.

Wann immer möglich, sollten Eltern zudem mit ihrem Kind ins Grüne fahren (geht auch mit Bus und Bahn!), damit es sich dort austoben kann. Und oft macht es auch den Kindern viel mehr Spaß sich zu bewegen, wenn sie sehen, dass ihre Eltern aktiv mitmachen.

Eltern sollten mit ihren Kindern Sport treiben.

Wenn man ins Grüne fährt, sollte daher unbedingt ein Ball im Gepäck sein, vielleicht auch ein Federballspiel oder eine Frisbee-

Sinnvoll ist es, das Kind einige Sportarten ausprobieren lassen (man muss nicht immer sofort Mitglied in einem Verein werden, oft kann man mehrere Male in die Kurse »hineinschnuppern«), dann aber darauf zu bestehen, dass es sich für eine entscheidet.

Tipp

Scheibe. Diese einfachen Utensilien eignen sich für eine große Anzahl von Bewegungsspielen. Vielleicht befindet sich in der Nähe ja sogar ein Bootsverleih? Es macht nämlich großen Spaß, Kapitän und Mannschaft zu spielen und auf einem Teich oder einem Flüsschen herumzuschippern. Fahrrad fahren ist eine weitere Möglichkeit, gemeinsam mit den Kindern Sport zu treiben. Wollen die Kinder nicht »einfach so« in der Gegend herumfahren, sollte sich die Familie ein gemeinsames Ziel setzen – zum Beispiel die Eisdiele im nächsten Ort.

Kreativität fördern

Verschiedene wissenschaftliche Studien legen nahe, dass bei Indigos und den meisten anderen Kindern mit ADHS die rechte Hirnhälfte die dominante ist. Genauso sieht es übrigens bei Linkshändern aus (vielleicht sind unter den ADHS-Kindern deshalb zahlreiche Linkshänder zu finden). Bei den meisten anderen Menschen ist hingegen die linke Hirnhälfte die aktivere. Während die linke Hirnhälfte vor allem für das Verstehen von Worten, für die Sprachfähigkeit, zuständig zu sein scheint, wird die rechte Hirnhälfte vor allem mit Bereichen in Verbindung gebracht, für die die Sprache eher nebensächlich ist – nämlich für das Verständnis für Mathematik, Kunst und Musik. Unter den besonders kreativen Menschen sind daher vermutlich viele Personen mit einer dominanten rechten Hirnhälfte zu finden.

Bei vielen kreativen Menschen scheint die rechte Hirnhälfte dominant zu sein.

Es gibt noch einen weiteren, interessanten Punkt, der ebenfalls mit der Dominanz der rechten Hirnhälfte zu tun hat und für Indigos von Bedeutung ist. Menschen, deren rechte Hirnhälfte aktiver als die linke ist, scheinen von ihrem Sehzentrum, also von ihrem optischen Sinn, größeren Gebrauch zu machen als Personen mit besonders aktiver linker Hirnhälfte. Wer vorwiegend die rechte Hirnhälfte benutzt, nimmt daher vermutlich neue Informationen vor allem durch das Sehen auf, was sich auch beim Lernen widerspiegelt. Indigos können daher vermutlich Stoff besser lernen und behalten, wenn er in irgendeiner Form visualisiert wird (zum Beispiel in Form von Tafelbildern).

Wissenswert

Eltern sind daher gefordert, die Kreativität von Indigos und anderen Kinder mit ADHS zu fördern. Durch die Entfaltung ihrer Kreativität finden sie oft die Möglichkeit, überschüssige Energien loszuwerden und besser mit sich und der Umwelt klar zu kommen.

Der Fantasie sind dabei keine Grenzen gesetzt: Man kann den Kindern das Ausprobieren von Musikinstrumenten anbieten, mit ihnen basteln, malen, singen, tanzen oder aber auch kochen oder backen. All diese Aktivitäten bereiten Indigos in der Regel große Freude und es fällt ihnen dabei sogar vergleichsweise leicht, sich auf die Tätigkeit zu konzentrieren.

»Fördern Sie die Kreativität Ihres Kindes.«

Schulprobleme

*Indigos und andere Kinder mit ADHS haben häufig große Schwierig-
keiten in der Schule. Auf sie stürmen im Klassenzimmer so viele verschiedene Reize ein, dass sie sich auf das Wesentliche, nämlich den
Unterricht, nicht konzentrieren können. Zudem stellt es für die meisten
dieser Kinder ein Problem dar, den ganzen Unterricht über auf ihrem
Platz sitzen zu müssen. Häufig können sie sich nämlich besser
konzentrieren, wenn sie sich bewegen. Noch dazu sind sie oft sehr impulsiv und platzen mit der Antwort auf die Frage des Lehrers heraus,
ohne an der Reihe zu sein. All dies führt dazu, dass sie von den Lehrern
rasch als Störenfriede, im schlimmsten Fall gar als unfähig zu lernen
oder dumm abgestempelt werden – obwohl sie Letzteres nun wirklich
nicht sind.*

Da immer mehr Kinder diese Verhaltensauffälligkeiten zeigen, sollte es eigentlich für das Schulsystem im Allgemeinen und die Lehrer
im Besonderen an der Zeit sein, umzudenken und den Unterricht anders zu gestalten. Das käme vermutlich auch den anderen Kindern
zugute, denn den in Deutschland in der Regel praktizierten Frontal-
unterricht mit einem Lehrer, der vorn alles erklärt, und Schülern, die
zuhören müssen, eventuell zwischendurch einmal auf eine Frage
antworten dürfen, finden die meisten Schüler langweilig. Diese Art
von Unterricht fordert nicht gerade dazu auf, sich aktiv mit dem
vermittelten Wissen zu beschäftigen, logische Zusammenhänge zu
finden und zu begreifen und das Wissen aktiv anzuwenden. Und das,
obwohl klar ist, dass auf diese Weise Gelerntes viel stärker im
Gedächtnis bleibt als durch stures Auswendiglernen.

Viele Schüler »pauken« das Wissen heute nur noch in sich hinein, um es bei der nächsten Klassenarbeit abrufen zu können. Danach
wird es leider oft viel zu schnell wieder vergessen – einfach, weil das

Indigos stören häufig den Unterricht.

Die Pisa-Studie könnte den Anstoß geben, Veränderungen im
Unterricht vorzunehmen. Und vielleicht kommen neue Konzepte
auch den Indigos zugute?

Die Pisa-Studie

Interesse nicht geweckt wurde. So ist es vermutlich kein Wunder, dass die deutschen Schüler in der internationalen Schulvergleichsstudie Pisa so schlecht abgeschnitten haben.

Wie Indigos besser in den Unterricht eingebunden werden

Lehrer, in deren Klasse ein oder mehrere Indigo-Kinder oder andere Kinder mit ADHS sitzen, haben es nicht leicht – das muss im Vorfeld gesagt werden. Schließlich sind sie in aller Regel nicht dafür ausgebildet, mit Verhaltensauffälligkeiten bei Kindern umzugehen. Damit der Unterricht sowohl für das Kind als auch für den Lehrer nicht zur Qual wird, sollten sie – zumindest einige – der folgenden Ratschläge beherzigen. Anfangs erfordert dies zwar etwas mehr Arbeit, später jedoch profitieren Lehrer und Schüler davon.

- Als Erstes sollte ein Gespräch zwischen Lehrer und dem betroffenen Schüler stattfinden – unter vier Augen natürlich. Am besten schafft der Lehrer eine behagliche Atmosphäre, damit das Kind nicht den Eindruck bekommt, es solle gemaßregelt werden. In dem Gespräch sollte es darum gehen, wie der Lehrer dem Schüler helfen kann. Er sollte das Kind fragen, auf welche Weise es am besten lernen kann. Oft haben Indigos nämlich bereits Strategien entwickelt, wie ihnen das Lernen leichter fällt. Der Lehrer sollte, so weit möglich, auf die Vorschläge des Kindes eingehen und im Unterricht beachten.

- Wichtig ist es auch, dass der Lehrer Regeln für die gesamte Klasse aufstellt. Diese Regeln geben dem Unterricht eine Struktur (was für Indigos wichtig ist), sie zeigen den Kindern, was der Lehrer von ihnen erwartet, und bieten damit sowohl den Indigos als auch den anderen Kindern Sicherheit. In die Regeln sollte unter anderem auch aufgenommen werden, dass ein Kind kurzzeitig den Raum verlassen und vielleicht eine Runde um den Schulhof laufen darf, wenn es einen starken Bewegungsdrang verspürt. Auf diese Weise stören Indigos und andere Kinder mit ADHS den Unterricht weniger durch Zappeln oder Aufspringen. Zudem sind sie hinterher viel ausgeglichener und aufnahmefähiger.

- Sinnvoll ist auch, für eine gewisse Zeit im Voraus einen Arbeitsplan aufzustellen und diesen den Schülern mitzuteilen. Falls sich Änderungen ergeben, sollte dies rechtzeitig angekün-

Kinder, die nicht mehr still sitzen können, sollten den Klassenraum verlassen dürfen.

digt werden. Ein solcher Plan gibt Indigos und anderen von ADHS betroffenen Kindern die Sicherheit, die sie brauchen.

- Indigos verzetteln sich leicht, wenn die ihnen übertragenen Arbeiten zu umfangreich sind. Um ihnen zu helfen, kann der Lehrer solche größeren Arbeiten in kleinere, überschaubare »Häppchen« aufteilen. Damit kommen Indigos und andere ADHS-Kinder besser klar, weil sie sich nicht so stark konzentrieren müssen. Zudem erleben sie eine Vielzahl von Erfolgserlebnissen, wenn sie die einzelnen Aufgaben bewältigen können – und solche Erfolge spornen zum Weitermachen an.

- Selbst kleine Erfolge sollten Lehrer lobend anerkennen. Das fällt vielen Lehrern leider schwer, da Indigos im Unterricht häufig als unangenehme Störenfriede auffallen. Aber: Lob bringt diese Kinder weiter, Ablehnung macht sie nur noch störrischer.

- Sosehr Indigos Regeln und Strukturen brauchen, an denen sie festhalten können, sosehr lieben sie auch die Abwechslung. Lehrer sollten den Unterricht deshalb bunt, fröhlich und abwechslungsreich gestalten, denn so kann keine Langeweile aufkommen (im Übrigen profitieren nicht allein die Indigos, sondern auch die anderen Schülern davon). Allerdings müssen Lehrer auch darauf achten, nicht zu viele Reize auf einmal auf ihre Schüler einstürzen zu lassen, da sich Indigos sonst leicht überfordert fühlen, da sie einzelne Reize nicht einfach »ausschalten« bzw. ignorieren können wie andere Kinder. Es heißt für Lehrer also einen Mittelweg zu finden.

- Der Computer ist das ideale Lernhilfsmittel für Indigos. Die meisten von ihnen sollen – laut dem Konzept über Indigo-Kinder – technikbegeistert sein. Hinzu kommt, dass Computer keine Gefühle, also auch keine Ablehnung zeigen, sondern ganz emotionslos Fehler nennen. In der Regel geben die im Handel erhältlichen Lernprogramme zudem zusätzliche Hilfen, wenn eine Frage mehrfach falsch beantwortet wurde.

> Der Computer ist das ideale Lernhilfsmittel für Indigos.

- Auch kann das Kind sich etwas, das es nicht verstanden hat, so oft wiederholen lassen, wie es will. Bei einer richtigen Antwort gibt es zudem häufig eine Belohnung: Es ertönt vielleicht ein Lob, ein kurzer Film wird gezeigt oder eine animierte Figur tanzt über den Bildschirm und freut sich. So etwas spornt zum Weitermachen an. Falls Lehrer also die Möglichkeit haben, Computer im Unterricht einzusetzen, sollten sie das unbedingt tun – vor allem, wenn sich Indigos in der Klasse befinden.

- Wird der Lernstoff visuell aufbereitet, zum Beispiel in Form von Tafelbildern oder mit Hilfe von an die Wand projizierten Bildern, können Indigos ihn sich meistens besser merken. Es gibt viele Möglichkeiten, den Stoff zu bebildern. Das macht den Unterricht übrigens auch für die anderen Kinder interessanter.
- Indigos kommen mit anderen Kindern oft nur schlecht klar. Sie gelten häufig als egoistisch und rechthaberisch, weil sie nicht selten versuchen, den anderen ihre Regeln aufzudrängen. Lehrer können jedoch einiges tun, um das Sozialverhalten der Indigos im Unterricht zu verbessern, indem sie ihnen klare Anweisungen geben, wie sie sich im Umgang mit anderen benehmen sollen (Beispiel: »Lass den anderen zuerst ausreden, dann bist du an der Reihe.«). Auf diese Weise lernen die Indigos am ehesten, was sie besser machen können.
- Lehrer sollten den anderen Kindern erklären, warum sich Indigos anders verhalten als sie, jedoch ohne eine Wertung abzugeben oder zu behaupten, das Kind sei gestört.
- Indigos müssen manchmal daran erinnert werden, dem Unterricht zu folgen. Das kann zum Beispiel durch verabredete Zeichen zwischen Lehrer und Kind oder aber durch kurze Berührungen oder Augenkontakt geschehen, so dass die Mitschüler davon nichts mitbekommen.
- Bei der Verteilung der Hausaufgaben sollten Lehrer daran denken, dass sich Indigos nicht allzu lange konzentrieren können. Die Hausaufgaben sollten daher qualitativ hochwertig, aber nicht zu umfangreich sein – das kommt übrigens auch den anderen Schülern zugute.

Lehrer müssen Indigos manchmal zur Aufmerksamkeit ermahnen.

Diese Tipps zu befolgen, dürfte Lehrern zunächst nicht immer leicht fallen, doch sie erleichtern den Unterricht immens – nicht nur die Indigos und andere Kinder mit ADHS werden aufmerksamer sein, auch die restlichen Schüler werden einen abwechslungsreichen, interessanten Unterricht mit größerer Aufmerksamkeit honorieren. Und was kann ein Lehrer mehr wollen, als dass seine Schüler seinen Unterricht interessant finden und auf diese Weise mehr lernen?

Besondere Schulformen

Der Besuch einer Montessori- oder Waldorf-Schule kann für Indigos und andere Kinder mit ADHS unter Umständen geeigneter sein als der Besuch einer staatlichen Schule. Denn diese Schulen sind in der Regel nicht so leistungsfixiert, sondern legen mehr Wert auf eine ganzheitliche Entwicklung des Kindes.

Montessori-Schulen

Die Arbeit der Montessori-Schulen steht unter dem, von ihrer Gründerin Maria Montessori erhobenen Motto: »Hilf mir, es selbst zu tun.« In den Montessori-Schulen stehen die Lehrer ihren Schülern als Beobachter, Helfer und Begleiter zur Seite, jedoch nicht als reine »Wissensvermittler«. Ziel der Montessori-Schulen ist, vorrangig die Fantasie der Kinder zu schulen. Sie sollen nicht stur auswendig lernen, sondern das, was sie lernen, auch begreifen.

Die Schulen bieten den Kindern eine vorbereitete Umgebung – die Kinder lernen mit Hilfe von Gleichaltrigen und Lehrmaterialien, die es ermöglichen, dass die Kinder sich selbst korrigieren. Sie müssen nicht still an ihrem Pult sitzen, sondern dürfen sich ihren Arbeitsplatz frei wählen. Zudem dürfen sie sich während des Unterrichts bewegen, was den meisten Indigo-Kindern sehr zupass kommen dürfte. Daneben können die Kinder sich aussuchen, ob sie lieber allein, zusammen mit einem anderen Schüler oder in der Gruppe lernen möchten. Sie können sich auch – in engen Grenzen – ihr Thema selbst aussuchen und ihre Arbeit an ihrem eigenen Tempo ausrichten.

Montessori-Schulen legen viel Wert auf die Freude am Lernen.

Waldorf-Schulen

Wie die Montessori-Schulen legen auch die Waldorf-Schulen großen Wert auf die Eigenständigkeit ihrer Schüler. In Waldorf-Schulen erhalten die Schüler keine Noten, was den für Indigos oft besonders schwierig auszuhaltenden Prüfungsdruck mindert. Stattdessen fördern Waldorf-Schulen, deren Konzept auf den Anthroposophen

In Waldorf-Schulen erhalten die Schüler keine Noten.

> Montessori-Schulen sind für Indigo-Kinder besonders geeignet, da sie die Freude am Lernen genauso wie das selbstständige Lernen fördern. Da Indigo-Kinder oft ganz eigene Lösungswege für Aufgaben entwickeln, können sie sich an einer Montessori-Schule oft besser entfalten als an einer staatlichen Schule, die eigenwillige Lösungswege oft eher mit Skepsis betrachtet.

Fazit

Rudolf Steiner zurückgeht, vor allem die künstlerische Kreativität und die handwerklichen Fähigkeiten ihrer Schüler. Im Gegensatz zu den Montessori-Schulen sollen die Lehrer jedoch möglichst eine Autorität darstellen, auch ist der Unterricht in der Regel stärker strukturiert.

Um auch die in der letzten Zeit aufkeimende Kritik an den Waldorf-Schulen nicht ungenannt zu lassen, noch kurz Folgendes: Den Waldorf-Schulen wird von einigen Kritikern vorgeworfen, im Unterricht rassistische Inhalte zu vermitteln. In einigen der im Unterricht verwendeten Bücher seien rassistische Passagen zu finden. In den Niederlanden soll sich eine anthroposophische Kommission mit einem an Waldorf-Schulen benutzten Schulbuch befasst und herausgefunden haben, dass 16 Passagen nach niederländischem Recht sogar strafbar gewesen wären. Wer sein Kind also zu einer Waldorf-Schule schicken möchte (was für Indigos oft sicher sinnvoll wäre), sollte sich zuvor genauer mit diesen Vorwürfen auseinander setzen.

Die Ritalin-Frage

Viele Eltern von Indigos und anderen von ADHS betroffenen Kindern sehen sich irgendwann einmal vor die Frage gestellt, ob sie ihrem Kind ein Medikament verordnen lassen sollen, das ihm hilft, seine Aufmerksamkeit stärker zu bündeln und sich besser zu konzentrieren. Natürlich klingen diese Versprechungen der Pharma-Industrie für viele Eltern ausgesprochen verlockend – vor allem, wenn sie große Schwierigkeiten mit ihrem Kind haben. Indigos und andere ADHS-Kinder können Eltern das Leben manchmal wirklich schwer machen, doch rechtfertigt das die Gabe eines Medikaments, das nachweislich in den Gehirnstoffwechsel eingreift?

Die Gabe von Ritalin will gut überlegt sein.

»Drogen« für Kinder?

Schätzungen zufolge nehmen rund fünf Millionen Schüler in den USA mittlerweile täglich Methylphenidat, um sich besser konzentrieren zu können. Auch in Deutschland ist die Verordnung von Methylphenidat seit Anfang der 1990er-Jahre sprunghaft gestiegen. Dem Arzneiverordnungsreport zufolge wurden 1991 0,4 Millionen Tagesdosen Methylphenidat verschrieben, im Jahr 2000 waren es bereits 13,5 Millionen.

Kritische Ärzte sind der Ansicht, dass die Verordnung von Methylphenidat schon fast wie eine Epidemie um sich greift – in nicht wenigen Fällen werde bereits beim kleinsten Anzeichen von ADHS zum Rezeptblock gegriffen. Hinzu kommt, dass nicht alle Ärzte, die Ritalin verschreiben, für die Stellung der Diagnose ADHS geschult sind – rund ein Drittel aller Verordnungen stammen der Drogen-

Wie schon an anderer Stelle des Buches gesagt: Man sollte Methylphenidat, das Kindern mit ADHS in der Regel verordnet wird, nicht völlig verteufeln – in manchen Fällen mag es zunächst wirklich keine Alternative zu diesem Arzneimittel geben. Man sollte aber wirklich genau überlegen, ob man wirklich will, dass das Kind durch das Medikament praktisch »gedämpft« wird. Hier heißt es für Eltern gut abzuwägen.

Achtung

beauftragten der deutschen Bundesregierung zufolge nicht vom Kinderarzt, sondern von anderen Ärzten, darunter sogar von Zahnärzten. Die Drogenbeauftragte plante daher 2002, die Verordnung von Ritalin an den Nachweis der Fachkompetenz für ADHS zu koppeln. Damit soll verhindert werden, dass Kinder Ritalin erhalten, die möglicherweise gar nicht unter ADHS leiden.

Ritalin beziehungsweise sein Wirkstoff Methylphenidat fallen unter das Betäubungsmittelgesetz – die ausgestellten Rezepte muss der Arzt daher einige Jahre lang aufbewahren. Die Verordnung ist somit auch für den Arzt heute bereits gar nicht so einfach. Methylphenidat zählt zu den so genannten Amphetaminen – das sind Stimulanzien oder zu deutsch Aufputschmittel, die unter Umständen süchtig machen können. Doch zur Beruhigung von Eltern, deren Kinder Ritalin nehmen: Als Tablette eingenommen, scheint Methylphenidat kein Suchtpotenzial zu besitzen. Der wichtigste Grund: Die »Psychopille« verursacht keine guten Gefühle wie andere Drogen.

Hinzu kommt, dass die Wirkung von Methylphenidat erst einige Zeit nach Einnahme der Pille einsetzt – das Gehirn stellt keinen Zusammenhang zwischen der Tabletteneinnahme und einer möglichen Wirkung her, wodurch nach Ansicht von Medizinern auch die Gefahr für eine Abhängigkeit sinke. Amerikanische Wissenschaftler haben sogar festgestellt, dass ADHS-Kinder, die Ritalin bekommen, in ihrer Teenagerzeit und danach weniger suchtgefährdet sind, als Kinder, die Methylphenidat nicht erhalten haben. Diese Hypothese kann eine an der Berliner Charité durchgeführte Studie zwar nicht stützen, sie zeigte aber auch keine erhöhte Suchtgefahr für mit Ritalin behandelte Patienten.

Die Wirkung von Methylphenidat

Methylphenidat ist ein bereits verhältnismäßig lang bekannter Wirkstoff. Der italienische Chemiker Leander Panizzon entwickelte ihn 1944. 1954 kam Methylphenidat unter dem Namen Ritalin als leichtes Psychostimulans für Erwachsene auf den Markt, das munter

Auch wenn Methylphenidat unter das Betäubungsmittelgesetz fällt, abhängig macht es Kinder nicht.

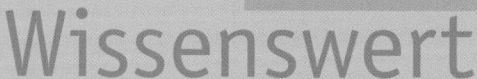

Wissenswert

machen und den Appetit zügeln sollte. Doch schon bald stellte sich heraus, dass Ritalin bei »zappeligen« Kindern die gegenteilige Wirkung besaß – es beruhigte, anstatt zu stimulieren, und förderte die Konzentration. Warum dies so ist, ist bis heute noch nicht völlig geklärt, doch was Ritalin im Gehirn bewirkt, wurde rund 50 Jahre nach seiner Zulassung als Medikament endlich herausgefunden.

Der Wirkstoff Methylphenidat hat Auswirkungen auf den Dopamin-Haushalt des Gehirns. Dopamin, nur um das kurz noch einmal zu erwähnen, ist ein Botenstoff, ein so genannter Neurotransmitter. Botenstoffe vermitteln Informationen zwischen den Nervenzellen. Dopamin soll unter anderem Einfluss auf die Aufmerksamkeit und das Konzentrationsvermögen eines Menschen haben.

Wenn eine Nervenzelle Dopamin ausgeschüttet hat, wird dieses an eine weitere Nervenzelle »weitergegeben«. Diese Nervenzelle nimmt Dopamin mit Hilfe von Dopamin-Rezeptoren – speziellen, einzig auf Dopamin zugeschnittenen Andockstellen – auf. Über so genannte Dopamin-Pumpen wird es danach wieder zur Nervenzelle zurücktransportiert, die das Dopamin ausgeschüttet hat.

Methylphenidat blockiert die Dopamin-Pumpen eine Zeit lang, so dass das Dopamin länger auf die zweite Nervenzelle einwirken kann. Bei den meisten Kindern, die von ADHS betroffen sind, scheint dieser Effekt die Konzentration zu erhöhen. Warum, ist jedoch noch nicht völlig geklärt.

Die Wirksamkeit von Methylphenidat war lange nicht bekannt.

»Methylphenidat steigert die Konzentrationsfähigkeit.«

Zu den weiteren Auswirkungen auf Kinder mit ADHS gehört ein verändertes Lernverhalten – sie können sich längere Zeit auf eine Sache konzentrieren, sind weniger leicht abzulenken. In vielen Fällen verbessert sich die Handschrift der Kinder, sie sind auch eher als zuvor in der Lage, altersgerechte Zeichnungen anzufertigen. Auch die Ruhelosigkeit vieler von ADHS betroffener Kinder gibt sich, sie sind meist weniger impulsiv und risikobereit.

In der Regel versetzt Ritalin Kinder mit ADHS auch in die Lage, Gesprächen besser folgen und an ihnen teilnehmen zu können. Nicht selten geben sich auch die mit ADHS oft einhergehenden Schlafstörungen. Ritalin ermöglicht oft auch erst den Einstieg in weitere Therapien.

Was Methylphenidat nicht kann

Manche Eltern könnten in Versuchung geraten, Ritalin für eine Wunderpille zu halten – es verändert das Verhalten von 80 % der von ADHS betroffenen Kinder vielfach so nachhaltig, dass es für einige Eltern wirklich an ein Wunder grenzen mag, wenn ihr Kind plötzlich in der Lage ist, bessere schulische Leistungen zu erzielen, weil es sich besser konzentrieren kann.

Doch sollte man die Fähigkeiten des Wirkstoffs Methylphenidat nicht überbewerten. Es ist nämlich nicht – wie manche Eltern fälschlicherweise annehmen könnten – in der Lage, die schulischen Leistungen eines Kindes ganz allgemein zu verbessern. Das Kind muss immer noch lernen, um im Unterricht mitzukommen. Schöpft es seine Fähigkeiten nicht aus, kann auch Ritalin schlechte Noten nicht verhindern.

Die Wirkungsdauer von Ritalin

Die bisher in Deutschland am häufigsten verordnete Form von Ritalin hat eine Wirkungsdauer von etwa drei bis vier Stunden. Dann muss wieder eine Tablette genommen werden, um die Wirkung aufrechtzuerhalten. Kinder, die Ritalin nehmen, müssen daher oft in der Schule an die erneute Tabletteneinnahme erinnert werden. Allerdings sind in anderen Ländern bereits Medikamente zugelassen (zum Beispiel in Großbritannien unter dem Handelsnamen Concerta), die eine Wirkungsdauer von zwölf Stunden besitzen und somit den ganzen Tag lang wirken.

Weitere Wirkstoffe, wie das vom Pharmakonzern Lilly entwickelte Atomoxetin, die weniger Nebenwirkungen als Methylphenidat haben sollen, warten darauf, in Deutschland und anderen Ländern zugelassen zu werden.

Risiken und Nebenwirkungen

Kaum ein Medikament mit positiven Wirkungen, das nicht auch unerwünschte Nebenwirkungen hätte. So auch Ritalin. Zu den häufigsten erwiesenen Nebenwirkungen gehören:

- Schlafstörungen,
- Nervosität,
- Appetitmangel, der jedoch nach zwei bis drei Wochen oder bei einer Reduzierung der Dosis in der Regel von selbst verschwindet,
- Kopfschmerzen, die aber meistens auch nur vorübergehend auftreten.

Zu Anfang der Therapie können zudem auftreten:

- Übelkeit,
- Erbrechen,
- Bauchweh.

Diese Nebenwirkungen können jedoch nach Angaben des Herstellers von Ritalin durch Nahrungsaufnahme abgemildert werden und verschwinden meistens nach kurzer Zeit von selbst.

Gelegentlich können sich nach Aussage des Ritalin-Herstellers auch folgende Nebenwirkungen zeigen:

Die häufigen Nebenwirkungen sind eher harmlos.

- Hautausschlag,
- Juckreiz,
- Fieber,
- Gelenkschmerzen,
- Haarausfall,
- Mundtrockenheit,
- Schwindel,
- Schläfrigkeit,
- Bewegungsstörungen,

- Herzklopfen,
- unregelmäßiger Herzschlag,
- Blutdruckveränderungen.

Sehr selten kommt es zu verschwommenem Sehen oder Schwierigkeiten des Auges, das Sehvermögen unterschiedlichen Entfernungen anzupassen (so genannte Akkomodationsstörungen). Manchmal kann die Einnahme von Ritalin auch zu Hyperaktivität oder einer depressiven Verstimmung führen.

In wenigen Fällen ruft Ritalin Hyperaktivität hervor.

Der Beipackzettel von Ritalin führt auch die Möglichkeit einer Wachstumshemmung bei lang andauernder Einnahme des Wirkstoffs Methylphenidat auf – ein Zusammenhang zwischen beidem ist jedoch bis heute nicht erwiesen. Eine Studie der Harvard Medical School in Boston widerlegt diese Hypothese sogar: Sie stellte fest, dass die unter Hyperaktivität und ADHS leidenden Kinder, die kein Medikament erhielten, im Durchschnitt kleiner waren als ihre Altersgenossen, während die mit Ritalin behandelten keine Unterschiede in der Größe gegenüber Gleichaltrigen aufwiesen.

Ob Tics (zum Beispiel das Zucken mit den Augenlidern oder Ähnliches) vermehrt unter einer Medikation mit Ritalin auftreten, ist bislang noch nicht erwiesen. Einige Kinder, die von ADHS betroffen sind, leiden gleichzeitig unter dem so genannten Tourette-Syndrom, das sich unter anderem in unwillkürlichen, wiederholten Beschimpfungen äußert.

Die möglichen Nebenwirkungen einer Langzeiteinnahme von Ritalin sind heute noch nicht ausreichend erforscht. Da jedoch viele Kinder Ritalin über einen längeren Zeitraum einnehmen und sich ihr Gehirn noch im Wachstum befindet, ist damit zu rechnen, dass die Substanz in irgendeiner Form Spuren hinterlässt. Ob diese sich allerdings negativ auswirken, weiß man heute noch nicht.

Ein Zusammenhang zwischen Ritalingabe und Parkinson ist umstritten.

Eine Studie des Göttinger Wissenschaftlers Gerald Hüther zieht die Möglichkeit in Betracht, dass Methylphenidat bei langjähriger Einnahme während des Wachstums in späteren Jahren zur Parkinson-Krankheit führen könnte. Diese Hypothese ergab sich durch Versuche, die an Ratten durchgeführt wurden. Die Ratten bekamen schon in jungem Alter Methylphenidat. Die spätere Untersuchung ihrer Gehirne ergab, dass sich die Zahl der Dopamin-Transporter durch die anhaltende Methylphenidat-Gabe verringert hatte. Der daraus resultierende mögliche Dopamin-Mangel im Gehirn könne später möglicherweise die Parkinson-Krankheit auslösen.

Hüthers Hypothese ist jedoch umstritten, da mit Ratten durchgeführte Versuche nicht ohne weiteres auf den Menschen übertragbar sind. Klar ist jedoch, dass hinter einer Langzeitbehandlung mit Ritalin ein großes Fragezeichen steht, was die Spätfolgen betrifft.

Bei welchen Nebenwirkungen muss der Arzt aufgesucht werden?

Die Herstellerfirma von Ritalin listet einige Nebenwirkungen auf, bei deren Auftreten das Kind sofort einem Arzt vorgestellt werden sollte. Dazu gehören:

- plötzliches, hohes Fieber,
- starke Kopfschmerzen,
- Verwirrungszustände,
- Wahnvorstellungen,
- Krampfanfälle,
- Herzrasen,
- Schmerzen in der Brust,
- erhöhte Neigung zur Bildung blauer Flecken,
- Muskelzuckungen,
- Tics,
- Schweißausbrüche,
- Schüttelfrost.

Bei all diesen Symptomen muss ärztlich abgeklärt werden, ob sie tatsächlich durch das Medikament Ritalin hervorgerufen wurden. Wenn ja, kann es notwendig sein, das Arzneimittel abzusetzen.

Ritalin sollte – in Absprache mit dem Arzt – ausschleichend abgesetzt werden.

Allerdings sollte die Ritalineinnahme möglichst nicht von einem auf den anderen Tag gestoppt, sondern die Dosis schrittweise innerhalb von sieben bis acht Tagen verringert werden. Der Grund: Setzt man das Medikament zu rasch ab, kann das Kind in den ersten Tagen unter erhöhter Gereiztheit, Hyperaktivität und/oder unter depressiven Verstimmungen leiden. Diese treten in der Regel nicht auf, wenn man die Ritalineinnahme langsam zurückfährt.

Wann sollte Ritalin nicht eingenommen werden?

Personen, die unter Angstzuständen leiden, besonders nervös oder angespannt sind, sollten auf die Einnahme von Ritalin besser verzichten. Das Gleiche gilt für Menschen, die oder deren Geschwister an Tics leiden oder bei denen eine Schilddrüsenerkrankung diagnos-

Kein Ritalin für Kinder unter sechs Jahren!

tiziert wurde. Auch bei Vorliegen eines Glaukoms, einer Erhöhung des Augeninnendrucks, sollte Ritalin nicht genommen werden.

Im Alter unter sechs Jahren sollte Methylphenidat nicht verabreicht werden. Dafür gibt es einen guten Grund: Erst ab dem Alter von fünf Jahren – so verantwortungsvolle Kinderärzte – kann ADHS überhaupt diagnostiziert werden. Bei jüngeren Kindern können im Zuge ihrer – normalen – Entwicklung durchaus einmal Phasen auftreten, in denen sie Symptome wie bei ADHS zeigen. Diese verschwinden häufig jedoch von selbst wieder. Hinzu kommt, dass die möglichen Folgen einer so frühen Einnahme von Methylphenidat nicht ausreichend erforscht sind. Wenn ein Arzt Eltern eines Kindes unter sechs Jahren die Einnahme von Ritalin empfiehlt, ist also Vorsicht geboten.

Ist aus Krankheitsgründen die Einnahme weiterer Medikamente notwendig, sollte der Arzt vor Verordnung eines Arzneimittels darüber informiert werden, dass das Kind Ritalin nimmt. Auf diese Weise kann verhindert werden, dass es zu unerwünschten Wechselwirkungen zwischen den verschiedenen Medikamentenwirkstoffen kommt.

Tipp

Wie oft muss Ritalin genommen werden?

Wenn Ärzte und Eltern sich einvernehmlich für die Einnahme von Ritalin entscheiden, sollten sie genau abklären, wann und wie oft das Kind das Mittel nehmen soll. Schließlich hat es eine vergleichsweise kurze Wirkungsdauer. Verantwortungsvolle Ärzte propagieren, dass der Wirkstoff Methylphenidat so selten wie möglich genommen werden sollte – also nur in Situationen, in denen das Kind ohne ihn nicht so »funktionieren« kann, wie es gern möchte. Oft gilt dies allein für die in der Schule verbrachte Zeit – im Anschluss an die Schule ist eine Einnahme von Ritalin oft nicht nötig, da Eltern und Kinder gelernt haben, zu Hause mit den ADHS-Symptomen umzugehen und sie zu akzeptieren.

Bei größeren familiären Problemen, die auf ADHS beruhen, können sich Eltern und Kinder unter Umständen jedoch auch dafür entscheiden, Ritalin auch nachmittags zu verabreichen. Das Gleiche gilt, falls das Kind ohne Methylphenidat keine befriedigenden sozialen Kontakte aufbauen kann. Allerdings sollte diese Entscheidung wirklich gut durchdacht und wohl überlegt sein.

> Ritalin sollte so selten wie möglich eingenommen werden.

Begleitende Therapien sind unerlässlich

Verantwortungsvolle Ärzte sehen die Gabe von Ritalin nur als eine Säule der Behandlung von ADHS an. Dafür gibt es auch einen guten Grund: Ritalin kann nur die Symptome beseitigen, heilen kann es ADHS nicht. Deshalb ist stets die Kombination mit anderen Therapien notwendig – zum Beispiel mit den bereits zuvor erwähnten verhaltenstherapeutischen Maßnahmen oder Elterntrainings.

Diese Behandlungsmethoden stellen im Prinzip die wichtigste Säule der Therapie von ADHS dar. Unter Umständen ermöglicht allerdings erst die Gabe von Ritalin den Beginn einer dieser Therapien, weil das Kind sich sonst nicht ausreichend auf die »Arbeit an sich selbst« konzentrieren kann.

> Ritalin sollte nie ohne begleitende Therapien verschrieben werden.

Erwünschte und unerwünschte Verhaltensänderungen

Viele Eltern, die sich vor die Frage gestellt sehen, ob sie ihrem Kind Ritalin verschreiben lassen sollen, fürchten sich davor, ihr Kind nach der Einnahme des Medikaments nicht wiederzuerkennen. Schließlich

»Ritalin ist keine Wunderdroge.«

Manche Eltern sehen die Verhaltensänderungen nicht nur positiv.

wirkt es auf Indigos und andere von ADHS betroffene Kinder in 80 % der Fälle beruhigend. Nicht wenige Eltern fürchten, dass das Medikament die Persönlichkeit ihres Kindes während seiner Wirkungsdauer verändert – dass es irgendwie »gedämpft«, irgendwie »unnormal« wirken könnte. Manche Kritiker von Ritalin sehen das Medikament als Mittel zur sozialen Kontrolle an – Kinder, die nicht so funktionieren, wie unsere Gesellschaft es gern hätte, werden einfach medikamentös »ruhig gestellt«, anstatt andere Wege zu finden, sie zu integrieren und ihre positiven Seiten zu erkennen.

Tatsache ist, dass sich viele Kinder besser konzentrieren können, wenn sie Ritalin nehmen, dass ihre Aufmerksamkeitsspanne verlängert wird. Das wird von vielen Eltern, aber auch von zahlreichen betroffenen Kindern begrüßt, die zuvor stets Ablehnung erfuhren und nach Einnahme von Methylphenidat Erfolgserlebnisse verbuchen konnten. Allerdings wirken die Kinder nach der Einnahme von Ritalin natürlich schon verändert – sie sind nicht mehr so hibbelig und sprunghaft. Manche Eltern begrüßen das, andere meinen, ihr Kind verhalte sich unter Ritalin wie ein »Zombie« oder »Roboter«.

Die Vertreter des Indigo-Konzepts beurteilen Ritalin zwar nicht durchweg negativ, doch sie sind der Ansicht, dass viel Wertvolles bei den Indigo-Kindern verloren geht, wenn ihnen Methylphenidat verordnet wird. Die dämpfende Wirkung des Amphetamins auf von ADHS betroffene Kinder führe zum Beispiel auch dazu, dass ihre Kreativität und Intuition gedämpft würde und viele ihrer positiven Eigenschaften einfach »zugedeckt« würden.

Anstatt auch die auf den ersten Blick schwierig wirkenden Eigenschaften ihres Kindes zu akzeptieren und sie positiv umzudeuten, so die weitere Kritik, würden manche Eltern nach einem einfachen Mittel suchen, ihre Kinder anderen »gleichzumachen«, obwohl es letztlich gar nicht im Sinne der Gesellschaft sein könne, ausschließlich ähnlich funktionierende Individuen zu produzieren. Dadurch ginge Einzigartiges unwiederbringlich verloren, vielleicht sogar bahnbrechende Entdeckungen, die auf der großen Kreativität von Indigo-Kindern basieren, welche durch Ritalin jedoch gedämpft werde. Eltern sollten sich daher genau überlegen, ob sie ihrem Indigo-Kind und sich das wirklich zumuten wollen.

Ähnlich argumentieren auch andere Kritiker der Ritalin-Therapie: Für jedes – zumindest nach den Ansprüchen der modernen Gesellschaft – ungewöhnliche Verhalten würde heute der Stempel einer Störung aufgedrückt, die medikamentös zu beheben sei. Es werde gar nicht mehr versucht, schlechte Gefühle auszuhalten und Schwierigkeiten durchzustehen. Stattdessen würde einfach eine Pille gegen das seelische »Unwohlsein« verordnet.

Dadurch würden insbesondere viele junge Menschen wichtiger Erfahrungen beraubt – nämlich Probleme zu meistern und negative Gefühle auszuhalten. Das sei jedoch gerade für die Entwicklung zu einem »vollständigen« Menschen wichtig, der auch den Wert angenehmer Gefühle zu schätzen und sie vor allem auch zu erkennen weiß. Ohne negative Erfahrungen könnten positive nicht richtig wahrgenommen werden.

Hinzu komme, dass sich das Verständnis und das Mitgefühl für andere Menschen besser entwickele, wenn man selbst einmal Probleme hatte. Es sei daher nicht sinnvoll, wenn zur Lösung seelischer Probleme in unserer Gesellschaft immer rasch ein Medikament bereitstünde. Hinzu komme, dass Menschen, die die Einnahme des Mittels verweigern, als uneinsichtig und unverantwortlich handelnd abgestempelt würden, wenn die Medikamentengabe zum Mittel der Wahl bei Verhaltensauffälligkeiten würde. Dadurch würden Menschen, die nicht alle »Trends« mitmachten, noch stärker zum Außenseiter, als sie es vielleicht schon vorher durch ihre Verhaltensauffälligkeit waren.

Die Befürworter von Ritalin sehen alles – verständlicherweise – etwas anders: Sie glauben, dass Ritalin nicht nur die Aufmerksamkeit und das Konzentrationsvermögen erhöht, sondern auch die Kreativität steigere – denn schließlich könnten sich die von ADHS betroffenen Kinder erst mit Hilfe des Medikaments wirklich darauf konzentrieren, was sie gern machen würden. Zudem wirkten viele Kinder viel ausgeglichener und fröhlicher, seit sie Ritalin nehmen, denn durch die (zuvor häufig ausbleibenden) Erfolgserlebnisse wachse selbstverständlich auch das Selbstwertgefühl.

Kritiker bemängeln die »Medikamentengläubigkeit« unserer Gesellschaft.

Was für eine Einstellung zu Ritalin man nach dieser Diskussion auch gewonnen haben mag, eins steht fest: Ritalin ist keine Wunderdroge, und Eltern sollen sich gemeinsam mit einem kompetenten Arzt, Psychologen oder Psychiater gewissenhaft überlegen, ob sie ihrem Kind das Mittel verordnen lassen oder nicht. Wenn ja, sollte es im Laufe des Tages möglichst auch ritalinfreie Phasen geben – schließlich könnte das Kind sonst den Eindruck bekommen, es würde nicht so geliebt, wie es ist, sondern nur, wenn es sich mit Hilfe einer Pille »der Norm entsprechend« verhalte. Und so eine Einstellung kann das Selbstwertgefühl eines Kindes gefährlich ins Wanken bringen.

Eltern sollten ihrem Indigo-Kind, auch wenn sie sich (möglichst gemeinsam mit dem Kind) für Ritalin entscheiden, daher immer klar machen, dass sie es mit all seinen Vor- und Nachteilen lieben.

Andere Medikamente

Zur medikamentösen Therapie bei ADHS stehen noch einige weitere Mittel zu Verfügung, die unter Umständen verordnet werden können, zum Beispiel wenn Ritalin nicht wirkt oder aus bestimmten Gründen nicht genommen werden darf. Zu den zur Verfügung stehenden Mitteln stehen in erster Linie Antidepressiva wie Imipramin oder Desimipramin (stimmungsaufhellende Mittel) oder schwach wirkende Neuroleptika – das sind Mittel, die die Gleichgültigkeit gegenüber der Umwelt erhöhen und zum Beispiel Erregungszustände mindern.

Antidepressiva und Neuroleptika werden nur im Einzelfall verordnet.

Allerdings bergen diese Mittel, zumindest nach heutigem Forschungsstand, im Einsatz bei Kindern oft größere Risiken als die sonst verwendeten Stimulanzien wie Ritalin. Deshalb werden sie nur im Einzelfall verordnet. Das Kind muss zudem engmaschig ärztlich überwacht werden. Auch bei der Einnahme von Ritalin sind übrigens in der Regel mehrere Arztbesuche im Jahr notwendig, um einerseits mögliche Erfolge zu überprüfen, andererseits eventuelle Nebenwirkungen rasch feststellen zu können.

Ritalin ist kein Wundermittel, sollte aber auch nicht als »Teufelszeug« verdammt werden.

Fazit

Alternative Behandlungs- formen – sinnvoll oder nur Scharlatanerie?

Um erwünschte Verhaltensänderungen zu erreichen, nennen sowohl die Vertreter des Konzepts von den Indigo-Kindern als auch die Befürworter alternativer Behandlungsarten bei ADHS eine Reihe verschiedener Therapien. Grund genug, sie im Folgenden einmal genauer unter die Lupe zu nehmen. Schließlich würde eine große Anzahl von Eltern alternative Behandlungsformen der medikamentösen Therapie bei ADHS vorziehen. Denn sie gelten als »sanfte« Therapien, die kaum Nebenwirkungen nach sich ziehen.

Ernährungstherapien

Es gibt Theorien, die der Ernährung eine Mitschuld an den heute häufig auftretenden Verhaltensauffälligkeiten geben. Genauso gibt es die Ansicht, dass eine Umstellung der Ernährung oder zusätzliche Nahrungsergänzungsmittel die Verhaltensauffälligkeiten abmildern können. Wissenschaftlich bewiesen ist keine dieser Therapien, einige können unter Umständen sogar gefährlich sein.

Ernährungs- therapien sind bei ADHS häufige alternative Behand- lungsformen.

Phosphatarme Diät

Vor rund 30 Jahren entwickelte die Apothekerin Hertha Hafer die Theorie, dass die in zahlreichen Nahrungsmitteln enthaltenen, zu den Mineralstoffen zählenden Phosphate einer der Auslöser der Auf- merksamkeits-Defitzits-Hyperaktivitäts-Störung sind. Diese Theorie stützte sie jedoch allein auf Beobachtungen bei ihrem Sohn, der große Probleme hatte, sich zu konzentrieren. Sie verordnete ihm eine nahezu phosphatfreie Kost und hatte damit angeblich Erfolg: Ihr Sohn wurde aufmerksamer, die Konzentrationsprobleme ließen nach. Wissenschaftlich untermauert werden konnte diese Theorie jedoch nicht – dennoch hält sie sich noch immer standhaft.

Phosphatarme Kost steigert angeblich die Aufmerksamkeit.

Phosphat ist vor allem in eiweißreichen Nahrungsmitteln ent- halten. Phosphat aus tierischer Kost nimmt der Körper besser auf als aus pflanzlichen Nahrungsmitteln wie Hülsenfrüchten. Je mehr tierische, eiweißreiche Nahrungsmittel verzehrt werden, umso größer ist also auch die Phosphatzufuhr. Auch Colagetränke sind reich an Phosphat.

Einige Beispiele für phosphatreiche Nahrungsmittel:

- 100 Gramm Schmelzkäse enthalten zwischen 800 und 950 Milligramm Phosphat.
- In 100 Gramm Eigelb kommen rund 600 Milligramm Phosphat vor.
- Die meisten Wurstsorten haben einen Phosphatgehalt zwischen 100 und 200 Milligramm pro 100 Gramm.
- Rind- und Schweinefleisch enthält im Durchschnitt 200 Milligramm Phosphat je 100 Gramm.

Phosphat ist Bestandteil der Knochen und Zähne und für die Regulierung des Säure-Basen-Haushalts mit zuständig. Es ist zudem notwendig, damit der Körper die aus der Nahrung gewonnene Energie verwerten kann und die Nervenzellen ihre Funktion erfüllen können. An der Blutgerinnung ist Phosphat ebenfalls beteiligt. Bei einem Phosphatmangel (der allerdings bei normaler Ernährung nicht vorkommt), können Muskelschwäche und Knochenerweichung beziehungsweise bei Kindern Rachitis die Folge sein.

Dass ein Überschuss an durch Nahrungsmittel aufgenommene Phosphate Hyperaktivität auslösen soll, ist − wie schon erwähnt − bislang rein hypothetisch. Eltern, die jedoch davon überzeugt sind, ihr Kind könne aufgrund einer zu hohen Phosphataufnahme unter ADHS leiden, können ihr Kind eine Woche lang auf eine phosphatreduzierte Kost setzen.

Am sinnvollsten ist eine vorwiegend vegetarische Ernährung, da Phosphate aus pflanzlichen Nahrungsmitteln schlechter verwertet werden. Allerdings müssen Eltern gut darauf achten, dass ihr Kind ausreichende Mengen Eiweiß und Kalzium erhält. Am besten ist es, eine phosphatreduzierte Kost unter Aufsicht eines Arztes oder Ernährungsberaters durchzuführen, um sicherzustellen, dass das Kind alle notwendigen Nahrungsbestandteile in ausreichender Menge aufnimmt.

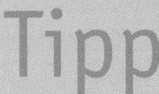

Tipp

Ein weiteres Problem bei einer Reduzierung der Phosphatzufuhr liegt darin, dass die meisten Kinder – insbesondere Indigos – eine solche Diät ablehnen. Daher ist sie oft gar nicht durchführbar.

Zusatzstoffe in Nahrungsmitteln

Neben der Annahme, dass Phosphate die Hyperaktivität bei Indigos und anderen ADHS-Kindern verstärken, hält sich auch die Hypothese, dass Zusatzstoffe in Nahrungsmitteln eine Mitschuld tragen können. Zu den Zusatzstoffen, die in Verruf geraten sind, gehören in erster Linie künstliche Farbstoffe und Aromen, Salicylate, Benzoesäure und Antioxidanzien wie Ascorbinsäure (also Vitamin C), die die Haltbarkeit von Nahrungsmitteln verlängern sollen. Allerdings gibt es auch hier bislang keine überzeugenden wissenschaftlichen Studien, die diese These belegen könnten.

Die so genannte Feingold-Diät versucht, künstliche Zusatzstoffe in der Ernährung so weit wie möglich auszuschalten, indem vorwiegend naturbelassene Nahrungsmittel verzehrt werden. Auch die insbesondere in vielen Gemüse- und Obstsorten enthaltenen Salicylate sollen weitgehend ausgeschaltet werden, indem zunächst kein Obst und nur wenig Gemüse, darunter vor allem Kopf- und Feldsalat verzehrt wird. Eine solche Kost ist jedoch für Kinder in den meisten Fällen ungeeignet, da sie aufgrund des Verzichts auf viele Gemüsesorten und Obst zu Vitaminmangel führen kann. Eltern sollten sich auf die weitgehende Eliminierung von künstlichen Zusatzstoffen in Nahrungsmitteln beschränken, sofern sie der These, dass Zusatzstoffe zur Hyperaktivität beitragen, Glauben schenken.

Die Vertreter des Indigo-Konzepts sind sowieso der Meinung, dass Indigo-Kinder aufgrund eines veränderten Stoffwechsels viele Zusatzstoffe sowie Fastfood besser vertragen als frühere Generationen. Ihr Körper hätte sich infolge einer evolutionären Entwicklung an die veränderten Essgewohnheiten angepasst, weshalb Fastfood und Zusatzstoffe ihnen keinen großen Schaden zufügten.

Zu dieser These kann man ebenfalls stehen, wie man will – sicher ist jedenfalls, dass es in der heutigen Zeit schwierig sein dürfte, Zusatzstoffe vollständig aus der Nahrung zu verbannen. Was allerdings nicht heißt, dass man im Interesse seiner Kinder nicht darauf achten sollte, sie möglichst gesund zu ernähren, das heißt unter anderem möglichst frische, mit geringen Schadstoffanteilen belastete Lebensmittel beim Kochen zu verwenden und viel Obst und Gemüse in die Ernährung zu integrieren.

Viele Indigos mögen phosphatreduzierte Kost nicht.

Indigo-Kinder sollen Fastfood besser vertragen.

Nahrungsergänzungsmittel

Viele Eltern von Indigo-Kindern schwören darauf, dass das Verhalten ihrer Kinder berechenbarer wurde, nachdem sie ihnen bestimmte Nahrungsergänzungsmittel gegeben hatten. Zu den Stoffen, die empfohlen werden, gehören bestimmte Vitamine (B6, C, Folsäure) und Mineralstoffe (Magnesium, Zink). Aber auch Omega-3-Fettsäuren, die der Körper nicht selbst bilden kann, ihm deshalb mit der Nahrung zugeführt werden müssen und vor allem in fettem Seefisch enthalten sind, sollen die Verhaltensauffälligkeiten abmildern.

Kinderärzte: Kinder brauchen keine zusätzlichen Substanzen.

Kinderärzte sind jedoch der Ansicht, dass Kindern keine zusätzlichen Vitamine und andere Substanzen über Nahrungsergänzungsmittel zugeführt werden sollen. Sie geben zu bedenken, dass es bei manchen Stoffen durch die zusätzliche Zufuhr unter Umständen zu einem Überschuss und als Folge zu weiteren körperlichen Beschwerden kommen kann. Außerdem sei die Wirksamkeit von Vitaminen, Mineralstoffen und anderen Substanzen in Pillenform längst nicht so gut wie ihre in Nahrungsmitteln vorkommenden Pendants. Der Grund: Nahrungsmittel enthalten eine Reihe weiterer Stoffe (zum Beispiel Flavonoide in Obst und Gemüse), mit denen im Zusammenspiel die genannten Substanzen ihre positiven Fähigkeiten auf den Organismus erst voll entfalten können. In Nahrungsergänzungsmitteln kämen diese Stoffe jedoch nicht vor.

Darüber hinaus gibt es bislang keinen wissenschaftlichen Nachweis, dass eine der genannten Substanzen positiven Einfluss auf ADHS ausübt. Daher ist es sinnvoll, auf Nahrungsergänzungsmittel weitgehend zu verzichten – es sei denn, es liegt tatsächlich ein Mangel an einem bestimmten Stoff vor. Doch diesen sollte der Kinderarzt feststellen. Er ist es auch, der Vitamin- oder andere Präparate verordnen sollte, falls es notwendig ist.

Hände weg von AFA-Algen!

AFA-Algen oder blaugrüne Algen aus dem Klamath-See, wie sie auch genannt werden, wird in vielen Büchern und anderen Publikationen ebenfalls eine positive Wirkung auf ADHS zugesprochen. Eltern wird

Auf eigene Faust sollte man seinem Kind keine Nahrungsergänzungsmittel geben.

Tipp

empfohlen, ihrem Kind täglich eine bestimmte Dosis dieser Algenpräparate zu verabreichen, dann würde sich das Verhalten ihres Kindes mit Sicherheit bessern.

Gegen solche Behauptungen wendet sich das Bundesinstitut für gesundheitlichen Verbraucherschutz und Veterinärmedizin. Es stellt richtig, dass für solche vorgeblichen medizinischen Wirkungen keine wissenschaftlichen Beweise vorliegen. Hinzu komme, dass Präparate, denen die Werbung eine angeblich heilende Wirkung zuschreibt, in Deutschland als Arzneimittel zugelassen werden müssen. Dazu müssten sie einer gewissenhaften Prüfung unterzogen werden. Das sei bei AFA-Algen-Präparaten jedoch nicht der Fall. Keines der Mittel ist in Deutschland als Medikament zugelassen.

Das Wichtigste jedoch ist, so das Bundesinstitut für Verbraucherschutz und Veterinärmedizin, dass AFA-Algen oder blaugrüne bzw. blaue Algen, wie sie auch genannt werden, für den menschlichen Organismus gefährlich sein können. Bei diesen Algen handelt es sich nämlich um so genannte Cyanobakterien, von denen einige Gifte bilden, die dem Nervensystem Schaden zufügen können.

Algen können schädliche Gifte bilden.

Hinzu kommt, dass sie mit anderen Cyanobakterien verunreinigt sein können, die wiederum leberschädigende Gifte (so genannte Microcystine) bilden. Studien, die in den USA durchgeführt wurden, zeigten, dass der Gehalt von Microcystinen in als Nahrungsergänzungsmitteln verkauften AFA-Algen-Präparaten so hoch war, dass die für den Körper eines Erwachsenen tolerierbare Dosis bereits bei einer Zufuhr von zwei Gramm Algen pro Tag überschritten wurde. Eine Gesundheitsgefährdung könne bei anhaltender Belastung des Organismus durch diese Microcystine daher nicht ausgeschlossen werden.

Eltern sollten solche Präparate daher keineswegs ihren Kindern geben; Erwachsene sollten – so sie nicht darauf verzichten können – möglichst geringe Mengen AFA-Algen zu sich nehmen.

Diese Warnungen sollten Eltern in jedem Fall befolgen – schließlich ist ein Nutzen von AFA-Algen-Präparaten nicht belegt. Auch in den USA ist der Verkauf und Vertrieb von AFA-Algen-Präparaten,

Kinder dürfen keine AFA-Algen-Präparate erhalten, da ihre Leber und ihr Nervensystem geschädigt werden können.

Achtung

denen in der Werbung heilende Wirkungen zugesprochen werden, daher mittlerweile verboten.

Zucker

Das Verhalten von Indigos soll sich ebenfalls bessern, wenn ihre Nahrung keinen oder nur wenig Zucker enthält. Zuckerhaltige Getränke, Süßigkeiten und süßes Gebäck, um nur einiges zu nennen, wären demnach verboten. Allerdings konnte bislang noch keine wissenschaftliche Studie beweisen, dass Zucker tatsächlich negative Auswirkungen auf Indigos und andere Kinder mit ADHS hat. Daher ist eine nahezu zuckerfreie Diät auch nicht sinnvoll – und vor allem kaum durchführbar.

> Bislang ist nicht bewiesen, dass Zucker Auswirkungen auf ADHS hat.

Richtig ist jedoch sicherlich – schon allein im Interesse seiner Gesundheit –, darauf zu achten, dass ein Kind möglichst wenig Süßes isst. Verbietet man Süßigkeiten jedoch völlig, gewinnen sie im Auge des Kindes nur noch größeren Reiz.

Andere Substanzen

Genauso vorsichtig wie mit AFA-Algen sollten Eltern mit allen anderen Präparaten sein, denen eine angeblich heilende oder positive Wirkung auf die Verhaltensauffälligkeiten bei ihren Kindern zugesprochen wird. Eltern sollten stets daran denken, dass auch Mittel, die aus Heilpflanzen oder anderen natürlichen Quellen gewonnen werden, eine Vielzahl von Nebenwirkungen haben können. Bei Naturheilmitteln handelt es sich längst nicht immer um »sanfte« Medizin, selbst wenn viele Eltern das vermuten.

Ein Beispiel: Pfefferminzöle, die Erwachsene bei Schnupfen und Erkältungen häufig verwenden, um besser durchatmen zu können, sind für Säuglinge ausgesprochen gefährlich. Schon ein bis zwei Tropfen Pfefferminzöl führen bei Säuglingen zu Schleimhautreizungen und Atemnot. Der Kehlkopf versucht reflexartig die Luftröhre zu verschließen – das Baby droht zu ersticken.

Grund genug, jeden Stoff, der Hilfe für Indigos und andere Kinder mit ADHS verspricht, ganz genau unter die Lupe zu nehmen und im

> Eltern sollten handfeste Informationen über jeden Stoff einholen, den sie ihrem Kind geben wollen.

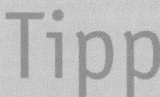

Tipp

Zweifelsfall besser darauf zu verzichten. Selbst wenn Zeitschriften oder Bücher vollmundige Versprechungen bezüglich dieser Substanz machen oder andere Eltern von ihren positiven Erfahrungen berichten. Sinnvoll ist es, zunächst beim Kinderarzt, der Krankenkasse oder aber auch beim Gesundheitsamt, zur Not sogar beim Gesundheitsministerium nachzufragen, ob Näheres über diesen Stoff bekannt ist.

Anti-Pilz-Diät gegen ADHS

Manche Menschen propagieren die These, dass ADHS durch bestimmte Hefepilze vom Typ Candida albicans ausgelöst wird, die im Fall einer Schwächung des Immunsystems den ganzen Körper besiedeln können. Eine Anti-Pilz-Diät, bei der ebenfalls wieder der Zucker aus der Nahrung eliminiert wird, soll Abhilfe schaffen. Des Weiteren sollen fungizide (pilzabtötende) Medikamente gegeben werden.

Diese Theorie ist jedoch in keiner Weise wissenschaftlich untermauert, weshalb Eltern guten Gewissens auf diese Maßnahmen bei ihrem Kind verzichten können.

Biofeedback

Unter Biofeedback versteht man eine Therapie, die die Konzentrationsfähigkeit eines Indigo-Kindes verbessern und seine Aufmerksamkeitsspanne verlängern soll. Beim Biofeedback wird mittels eines EEGs (Elektroenzephalogramm) die elektrische Aktivität des kindlichen Gehirns gemessen und in Wellenform auf Papier dargestellt. Bestimmte, dabei auftretende Wellen werden mit Aufmerksamkeit und Konzentration in Verbindung gebracht.

Diese Art von Gehirnaktivität soll nun trainiert werden, indem dem Kind durch ein Signal (zum Beispiel ein Licht oder ein Geräusch) deutlich gemacht wird, wenn das Gehirn sich konzentriert. Das Kind soll auf diese Weise lernen, die für Aufmerksamkeit und Konzentration zuständigen Gehirnbereiche zu trainieren – es soll lernen, die Licht- oder Geräuschsignale selbstständig hervorzurufen und andere Gehirnaktivitäten zu unterdrücken.

Eine solche Biofeedback-Therapie ist jedoch sehr aufwendig – vierzig bis achtzig Sitzungen sind nötig, damit das Kind in der Lage ist, seine Gehirnaktivitäten wie gewünscht problemlos zu steuern. Ob die Therapie letztlich hilft, ist bislang ebenfalls noch nicht klar – es existieren bisher keine aussagekräftigen wissenschaftlichen

Ob Biofeedback wirklich bei ADHS hilft, ist noch nicht erwiesen.

Untersuchungen. Als alleinige Therapie für Indigos oder andere ADHS-Kinder ist sie daher nicht zu empfehlen, höchstens als zusätzliche Behandlungsmethode für diejenigen, die sie sich leisten können.

Medikamente gegen Reisekrankheit

Es gibt die Theorie, dass ADHS durch Probleme mit dem Gleichgewichtsorgan im Innenohr ausgelöst wird. Die oftmals gestörte Motorik bei Kindern mit ADHS beruhe auf Störungen des Gleichgewichts. Abhilfe sollen hier Medikamente schaffen, die auch gegen Reisekrankheit helfen. Die Vertreter dieser Theorie behaupten, mit ihrer Behandlungsmethode in rund 90 Prozent aller Fälle Erfolg zu haben.

Diese Theorie widerspricht jedoch nahezu allem, was über ADHS bislang bekannt ist. Auch gibt es keine wissenschaftlichen Belege dafür, dass Medikamente gegen die Reisekrankheit wirklich helfen, selbst wenn die Vertreter dieser Theorie es behaupten. Da auch Mittel gegen Reisekrankheit Nebenwirkungen haben können und in der Regel nur für den gelegentlichen Gebrauch bestimmt sind, sollten Eltern besser darauf verzichten, diese »Therapie« auszuprobieren – schließlich ist ein Kind kein Versuchskaninchen.

Kinesiologie

Unter Kinesiologie versteht man ein Heilverfahren, das auf der fernöstlichen Heilkunst aufbaut und neue Erkenntnisse und Entwicklungen beachtet und einschließt. Die Kinesiologie geht davon aus, dass Unausgewogenheiten im Energiebereich des Körpers zu Verhaltensauffälligkeiten wie bei ADHS führen können.

Manche Eltern, die mit ihrem Indigo-Kind einen Kinesiologen aufgesucht haben, sind überzeugt davon, dass sich durch die Behandlung das Verhalten des Kindes verbessert habe. Allerdings gibt es auch hierfür keine wissenschaftlichen Belege. Die Krankenkassen zahlen den Besuch beim Kinesiologen nicht, da die Methode nicht medizinisch anerkannt ist.

Tipp

Die Diagnose, wo die Unausgewogenheit der Energie liegt, erfolgt mit Hilfe eines Muskeltests, denn sie soll sich auch in der Funktion beziehungsweise im Zustand der Muskeln widerspiegeln. Individuelle Korrekturen tragen dazu bei, die Energieblockaden aufzulösen, so dass der Körper die Möglichkeit erhält, sich selbst zu heilen. Medizinische Diagnosen stellen Kinesiologen in der Regel nicht – sie wollen hingegen Hilfe zur Selbsthilfe bieten.

Radionik

Einige Vertreter des Indigo-Konzepts schwören auf eine als Radionik bezeichnete Heilmethode. Bei dieser Art der Therapie müssen sich Heilkundiger und Patient nicht begegnen – es handelt sich nämlich um eine Form der Fernheilung mit besonderen Instrumenten. Der Patient soll der Radionik zufolge auch über eine Entfernung von mehreren hundert Kilometern bestimmte Strahlen aussenden, die so aussagekräftig sind, dass der Therapeut genau erkennt, wo die Störung liegt. Er ist in der Lage, diese Störung aus der Ferne wiederum über bestimmte Strahlung zu heilen.

Grundlegende Skepsis gegenüber der Radionik dürfte angebracht sein.

Besonders für Indigo-Kinder, die sich oft auf einer höheren Bewusstseinsebene befinden sollen, soll sich diese Therapie eignen. Wissenschaftliche Beweise hierfür konnten bislang jedoch noch nicht vorgelegt werden.

Magnettherapie

Auch der Magnetismus soll positive Auswirkungen auf das Verhalten von Indigo-Kindern haben. Magnetsohlen in Schuhen oder Magnetkissen sollen dabei helfen, Verhaltensauffälligkeiten abzumildern. Allerdings – so die Vertreter des Indigo-Konzepts – muss die Therapie von einem Experten für Magnetismus geplant werden, denn sonst könne sie gefährlich für den Organismus sein.

Für die Wirksamkeit der Magnettherapie gibt es genauso wenig Beweise wie für die zuvor genannten alternativen Heilmethoden.

Aromatherapie

Bestimmte ätherische Öle (zum Beispiel Lavendel) sollen eine beruhigende Wirkung auf Indigo-Kinder ausüben und die ADHS-Symptome verringern.

Es mag wohl durchaus sein, dass eine gewisse beruhigende Wirkung von den Ölen ausgeht, doch ob sie gegen ADHS wirken, ist bislang nicht bekannt. Vor allem bei kleineren Kindern sollte man sehr vorsichtig mit ätherischen Ölen sein, denn erstens könnten sie in Versuchung kommen, die Öle aus den Fläschchen zu trinken, und zweitens vertragen vor allem Kleinkinder den intensiven Geruch häufig nicht. Bestimmte ätherische Öle können für Kleinkinder sogar gefährlich sein.

Die Aromatherapie ist für Kleinkinder nicht geeignet.

Engeltherapie

Auf eine Therapie der besonderen Art verlassen sich manche Vertreter des Indigo-Konzepts: auf die so genannte Engeltherapie. Darunter ist die Anrufung von Engeln zu verstehen, die negative Energien vertreiben und das Verhalten der Kinder positiv beeinflussen sollen.

Dass es für die Wirksamkeit dieser Form der Therapie keine wissenschaftliche Belege geben kann, versteht sich von selbst.

Schädlich ist sie jedoch auch nicht (es sei denn, man wird zum religiösen Eiferer und versucht, seine Kinder mit allen Mitteln auf den »rechten« Weg zu bringen). Wer möchte, kann diese Therapie daher ruhig einmal ausprobieren. Zu große Hoffnungen sollte man in sie jedoch nicht setzen.

Bachblütentherapie

Eine in Deutschland mittlerweile sehr bekannte alternative Behandlungsform ist die Bachblütentherapie, die auf den Arzt Edward Bach zurückgeht, der Anfang des 20. Jahrhunderts lebte. Er behauptete, dass die Energie bestimmter Blüten auf den Menschen übergeht, wenn eine Essenz der von der Sonne beschienenen Blüten aufgenommen wird.

Eine Reihe von Menschen schwört mittlerweile auf die Heilkräfte der Bachblütenessenzen, die in vielen Apotheken erhältlich sind.

Indigo-Kindern sollen die Blütenessenzen helfen, indem sie dazu beitragen, dass sie sich und ihr Anderssein besser akzeptieren. Außerdem sollen sie das Selbstbewusstsein der Indigos steigern und eine beruhigende Wirkung haben. Für die Auswahl der richtigen Blütenessenzen oder der richtigen Mischung sollte jedoch ein speziell dafür ausgebildeter Therapeut zurate gezogen werden.

Die Bachblütentherapie hat meist keine Nebenwirkungen.

Bemerkungen zu den alternativen Therapien

Sicherlich ist die Auflistung der alternativen Therapien für Indigos und andere von ADHS betroffene Kinder nicht vollständig. Es wird immer wieder neue Behandlungsmethoden geben, die die Verhal-

Die positive Wirkung der Bachblütentherapie auf Indigos mit ADHS-Symptomen ist jedoch keineswegs belegt, selbst wenn manche Eltern darauf schwören. Sie dürfte aber auch keinen Schaden anrichten, so dass Eltern sie gefahrlos ausprobieren können, wenn sie daran glauben. Das einzige Problem: Die Tropfen enthalten meistens eine gewisse Menge Alkohol, und es ist die Frage, ob Eltern ihrem Kind alkoholhaltige Mittel geben möchten.

Tipp

tensauffälligkeiten abmildern sollen. Man sollte jeder neuen Heilmethode jedoch zunächst einmal skeptisch gegenüberstehen – schließlich ist die Wirksamkeit der wenigsten alternativen Therapien bei ADHS in irgendeiner Form wissenschaftlich belegt. Manche Therapien können sogar, wie man an den AFA-Algen gesehen hat, schädlich für den kindlichen Organismus sein. Deshalb sollte man nie auf den »fahrenden Zug« aufspringen, bevor sich eine Therapie etabliert hat oder bis zumindest bewiesen ist, dass sie keine schädlichen Nebenwirkungen nach sich zieht.

Einige der genannten alternativen Behandlungsmethoden können Eltern ruhig ausprobieren, da von ihnen keine Gefahr für das Kind ausgeht. Allerdings sollten Eltern auch immer daran denken, dass das Kind umso stärker verunsichert wird, je mehr Therapien die Eltern ausprobieren, um gegen die Verhaltensauffälligkeiten anzugehen. Es könnte nach und nach das wenige, ihm noch verbliebene Selbstwertgefühl verlieren, weil es den Eindruck erhält, dass auch seine Eltern es gerne mit »allen Mitteln« (in diesem Fall den alternativen Heilmethoden) ändern würden. Vielleicht bekommt es sogar das Gefühl, dass seine Eltern es nicht so lieben, wie es ist.

Die wenigsten Eltern werden an solche möglichen Folgen denken, denn sie sind ja eigentlich nur auf der Suche nach einer Behandlung, die ihrem Kind ein angenehmeres und besseres Leben verschafft und Schwierigkeiten abbaut. Das Kind könnte das alles jedoch ganz anders auffassen. Deshalb sollte man nicht zu viele alternative Therapien auf einmal oder nacheinander ausprobieren.

Nicht zu viele alternative Therapien auf einmal ausprobieren.

Nicht vergessen sollte man auch, dass jede Form der Therapie eine gewisse Zeit in Anspruch nimmt. Geht das Kind vielleicht schon zur Verhaltens- und/oder Ergotherapie, besucht es zusätzlich noch eine Bewegungstherapie und muss es auch hin und wieder noch zum Kinderarzt, um die Therapieerfolge überprüfen zu lassen, sollte man auf weitere zeitaufwendige Behandlungsmethoden besser verzichten. Schließlich braucht das Kind auch ein bisschen Zeit, um auszuspannen oder einfach nur zu spielen – insbesondere, wenn es schon zur Schule geht. Sonst könnte es sich bald überfordert und gestresst fühlen – und das hätte sicherlich keine positiven Auswirkungen auf die Verhaltensauffälligkeiten.